现阶段高校行政管理
长效机制构建及应用

卓志沅　著

西北工业大学出版社

西安

图书在版编目(CIP)数据

现阶段高校行政管理长效机制构建及应用 / 卓志沅
著. — 西安：西北工业大学出版社，2022.7
ISBN 978-7-5612-8271-7

Ⅰ. ①现⋯ Ⅱ. ①卓⋯ Ⅲ. ①高等学校-行政管理-
研究-中国 Ⅳ. ①G647.2

中国版本图书馆 CIP 数据核字(2022)第 147842 号

XIANJIEDUAN GAOXIAO XINGZHENG GUANLI CHANGXIAO JIZHI GOUJIAN JI YINGYONG

现 阶 段 高 校 行 政 管 理 长 效 机 制 构 建 及 应 用
卓志沅　著

责任编辑：李文乾	**策划编辑**：张　晖
责任校对：李　欣	**装帧设计**：石小玲

出版发行：西北工业大学出版社
通信地址：西安市友谊西路 127 号　　　邮编：710072
电　　话：(029)88491757，88493844
网　　址：www.nwpup.com
印 刷 者：西安五星印刷有限公司
开　　本：710 mm×1 000 mm　　1/16
印　　张：10
字　　数：159 千字
版　　次：2022 年 7 月第 1 版　　2022 年 7 月第 1 次印刷
书　　号：ISBN 978-7-5612-8271-7
定　　价：58.00 元

如有印装问题请与出版社联系调换

前　言

　　高等教育的任务是培养具有创新精神和实践能力的专业人才,发展科学技术文化,促进社会主义现代化建设。高校作为高等教育的主体,是以培养人才为中心开展教学、科研和社会服务的。现阶段,高校必须更新管理理念,适时进行行政体制改革。在应对挑战、谋求发展时,高校行政管理的先进性、行政管理模式的科学性、行政管理方法的有效性,将极大提高高校人才培养的质量和效益。特别是随着高等教育改革的进行,制度创新和技术创新可以有效提升高校行政管理水平。

　　本书从高校行政组织机构的相关理论入手,对高校办学效率与高校行政管理改革、高等教育管理体制与高校行政组织机构改革,以及高校运行模式改革进程进行具体分析,再对构建高校行政管理长效机制进行了有效探索,还分析了高校行政管理长效机制下的绩效考核,最后从三个层面分析了移动互联网时代高校行政管理模式创新。希望本书的出版,能够促进高校行政改革与实践探索,促进高校行政管理工作者和研究者在中国高等教育不断发展的大背景下,进一步紧密联系当前社会发展的新形势,深入探讨现代高校行政管理的理论与实践问题,推动我国高等教育管理理论与实践的继承与创新。

　　撰写本书,参阅了相关文献、资料,在此对其作者深表感谢。

　　由于水平有限,而且相关理论与实践也在发展之中,书中欠妥之处在所难免,敬请广大专家学者批评指正。

著　者

2022 年 5 月

目　录

第一章 高校行政组织机构研究的理论基础

何为高校行政组织机构？其秉承的核心价值理念是什么？运行的逻辑是什么？影响高校行政组织机构的主要因素是什么？这些问题都需要在理论上进行分析与阐述。高校行政组织机构研究涉及多个学科，本章主要对与高校行政组织机构研究密切相关的行政组织理论、高校组织理论进行梳理，并在相关理论指导下对高校行政组织机构的内涵及特征进行整体描述，对高校行政组织机构与其影响因素之间的关系进行阐释，并依此建构研究的整体框架。这是高校行政组织机构研究的基础，也是深入剖析高校行政组织机构问题的理论依据。

第一节 高校行政管理概述

高校内部事务可划分为学术事务和行政事务。与之相对应，高校管理可以分为性质不同而又有关联的学术管理和行政管理。高校学术管理的主体是学术人员和学术组织。学术管理的客体是学术事务，包括教学活动、科学研究、学科建设、课程设置、师资培养、学位授予以及就业、招生等事务。高校在具有学术属性的同时，还具有行政属性，在其发展过程中形成了自己的科层制结构，具有自己的行政体系。高校行政管理的主体是行政管理人员和行政机构，其客体是行政事务，主要涉及人事、组织、宣传、基建、后勤等事务。

高校行政管理指通过控制、协调、指挥、组织和计划，构建良好的生活、工作及教学秩序，从而为高校高素质人才的培养、高层次成果的科学研究奠定坚实的基础。高校行政管理的主要工作是为高校师生提供良好的行政服务,确保学校科研及教学等工作的顺利展开。要使高校行政管理工作为高校师生提供良好服务,就一定要重视高校改革及发展中高校行政管理的重要性。

高校行政管理的最终目标是使学校拥有的人力、物力等资源发挥出最大的效益,以完成学校的各项任务。我国高校行政管理在借鉴国外高校先进经验的同时,结合我国国情初步形成了高校行政管理体系。这一管理体系在保障高校实现教学、科研两大主要任务目标、培养高素质学生的过程中发挥着重要作用。当前,我国高校数量多,学生人数多,办学质量不断提高,办学条件也在不断改善。全面深化改革时期,社会在较快发展的同时也对高校的教学、管理提出更高的要求。高校行政管理是确保社会主义办学方向、贯彻党的教育方针的重要保障。高校行政管理水平直接影响高校教学科研资源的合理配置,因此,有效的高校行政管理对高校取得跨越式发展具有重要意义。

第二节　行政组织理论

在现代社会中,组织无处不在,并对社会发展起着十分重要的作用。行政组织理论是研究行政组织的理论基础。高校与其他社会组织有着一定的共性,却又不同于一般的社会组织,其发展变化有着自身的内在规律与逻辑。高校行政组织既受一般行政组织理论的指导,又形成了自身发展的规律。对行政组织理论和高校组织理论等相关理论进行梳理,有助于认识高校行政组织的一般性及特殊性。

一、传统行政组织理论

在西方,行政组织理论萌芽在古希腊、古罗马时期就已出现,柏拉图、亚里士多德等哲学家都在其著作中提出了一系列行政组织观点,为后期各种行政组织思想和理论的诞生起到了很好的启蒙和基础性作用。西方行政组织思想在中世纪时出现了不同的流派,如国家行政组织管理理论,其代表性人物马基雅维利在著作《王子》里阐述了如何运用权威的四项领导原则。工业革命之后,随着对企业组织管理科学化要求的提出以及对组织认识的逐步深化,行政组织理论体系日臻完善。19 世纪末,行政组织理论经由传统行政组织理论发展至行为科学行政组织理论,又进一步发展为现代行政组织理论。

19 世纪 80 年代,以威尔逊《行政学研究》的发表为标志,行政科学得以创立。20 世纪初发展起来的古典管理理论,为行政组织理论充实了新的内容。比较有代表性的是泰勒的科学管理理论、法约尔的行政管理理论、韦伯的官僚制组织理论。被称为"科学管理之父"的泰勒提出了组织科学管理原理,其中心思想是提高生产率,而达到最高工作效率的重要手段是用科学的管理方法代替旧的经验管理,职能管理、工作程序化、标准化等是该理论强调的重要内容,同时他还提出组织管理的例外原理。在此原理基础上,现代分权理论和事业部制管理体制得以产生。法约尔试图提出一种适用于很多领域的行政管理理论或一般组织理论与原则,他立足于高层管理,对组织的全部活动进行组织设计,认为计划、组织、指挥、协调和控制是管理的要素,并总结出了适用于一般性管理的 14 条原则。法约尔结合泰勒的职能管理思想,提出组织结构可以是"直线职能制",而其提出的"法约尔跳板"能够确保在统一指挥的前提下,组织可迅速进行横向联系,这成为矩阵结构的雏形。被称为"组织理论之父"的韦伯提出了官僚制(科层制)组织理论,这一理论的特点是:明确的职权分工,自上而下的等级系统,人员任用的考评与培训,职业管理人有固定薪金,遵守规则和纪律,组织中的人员关系完全以理性为准则。其组织方式追求理性和效率,组织利用层级系统的权威、行政官僚的规范化和功能的专门化,使大规模复杂任务得以有效完成,行政管理由经验管理走向科学管理。

传统行政组织理论运用科学、理性的思想分析组织管理的基本原则和基本职能,解释组织结构变化的原因;如何实现组织结构合理化是其研究的核心,包括组织职能、制度协调以及管理人员在组织中的权力和作用等内容。这一理论影响深远,但也有其局限性:分析了行政组织内部环境的协调,但对正式组织与非正式组织以及组织自身与外部环境之间的关系缺乏研究;对组织成员的主观能动性及人性层次需求关注不足,过于认同行政组织的非人格化和理性化;推崇行政组织中规章制度的作用,而忽视了规章制度的烦琐与重复有时并不利于组织目标的实现;强调原则的普遍适用性与同一性,而无视环境和个体差异。

二、行为科学行政组织理论

20 世纪 30 年代,学者开始利用行为科学的思想和原理研究行政组织问题,关注组织中如何处理人际关系和激励人的行为,由此行为科学行政组织理论得以产生。人际关系学说和行为科学的创始人梅奥,在多年"霍桑实验"的基础上,提出许多关于组织中人的行为的新结论,如社会人理论、非正式组织理论。他指出人们的生产效率不仅受到物质条件和环境的影响,更重要的是受到社会环境和社会心理等方面的影响,这是对科学管理理论只重视物质条件而忽视社会环境、社会心理对工作影响的重大修正。马斯洛、赫茨伯格、麦格雷戈等从人的需要和动机、管理中的"人性"、领导方式、非正式组织四个方面发展了行为科学理论。马斯洛把人的需要分为由低向高逐次上升的五个层次,认为人的激励可以通过满足需要的方法实现。赫茨伯格提出双因素理论,认为与工作环境相关的保健因素和与工作本身相关的激励因素在管理中起着重要作用。麦格雷戈基于对员工人性的不同判断提出 X 理论和 Y 理论。他认为持 X 理论的管理者,基于对人性的悲观认识,对员工采取强制、惩罚等手段迫使其工作;持 Y 理论的管理者,基于对人性的乐观认识,在管理中实行以人为中心的宽容民主政策。

行为科学行政组织理论关注组织中"人"这一要素,关注组织成员的社会人属性,对不同人表现出来的行为差异加以分析,研究他们对组织结构的影响,强调以沟通交流和共同影响的机制来提升组织成员的主观能动性,实现组织员工的参与式管理。如此一来,对行政组织的研究从静态走向了动态。行为科学行政组织理论的特点是在吸收借鉴心理学、社会学、人类学等学科知识的基础上,结合实验研究,强调以人力资源作为首要资源,高度重视对人力资源的开发和利用以调动人的积极性,并阐述了非正式组织的作用,实现了三个转变:由以"事"为中心的管理转变为以"人"为中心的管理、由原来对规章制度的研究发展到对人的行为的研究、由原来的专制型管理向民主型管理过渡。但行为科学行政组织理论是在封闭组织状态下分析组织成员的需要与激励的,缺乏与外部环境关联性的研究。

三、现代行政组织理论

现代行政组织理论出现了更多的新思想,视角更加全面,方法更加丰富,形成了不同流派,进一步丰富和完善了行政组织理论。比较有代表性的有系统管理学派、权变理论学派、生态行政学派、新公共行政学派等。以卡斯特、约翰逊、罗森茨韦克为代表的系统管理理论学派认为,组织是一个开放的系统,它由许多子系统组成,系统的运行效果是由各个子系统相互作用的效果决定的。它通过和周围环境的交互作用,并通过内部和外部的信息反馈,不断进行自我调节。组织系统中的任何子系统都会影响其他子系统的变化,对组织的研究需要研究子系统及其相互关系。以卢森斯、菲德勒等为代表的权变理论学派,突破了传统理论视组织为静止封闭系统的局限,认为在现实中不存在一成不变、普遍适用的理想化的管理理论和方法。管理应随机应变,采用什么样的管理理论、方法及技术,取决于组织所处的环境。环境和管理变量之间存在函数关系,即权变关系,组织应根据不同关系采用适当的管理方法。以雷格斯为代表的生态行政学派,将系统理论和行政管理学相结合,运用生态理论和模式研究行政现象,强调政府与其环境的互动和动态平衡,并将行政模式分为融合型的农业型行政模式、棱柱型的过渡行政模式、绕射型的工业型行政模式,以反映不同社会形态的发展水平。以弗雷德里克森为代表的新公共行政学派,以公共行政管理过程中的价值观和伦理观为核心,对传统公共行政学过于注重效率而忽视公平进行了批判,主张社会正义和社会公平是公共行政的根本目的;主张改革的、入世的、与实际过程相关的公共行政学;以与传统的科层官僚组织结构不同的角度对行政现象进行分解,构建新型公共组织形态;突出政府行政管理的公共性质;以"民主行政"作为公共行政的学术识别系统。

现代行政组织理论以"人"为本,提出通过人与人之间的密切协作实现组织职能;将组织看作一个与内外环境密不可分的开放系统,承认组织的系统性,注重对这一开放系统的生态性和权变性进行研究,强调外部环境的变化对组织的影响,组织应该适应外部环境并不断调整,认为群体功能的发挥是组织目标实现的重要保障;研究的切入点调整为组织外部环境,不再封闭研究组织内部,并从单纯研究外部环境对组织变革的影响转变到研究组织变革对外部环境的影响,强调组织结构的开放灵活、有机多元以及决策权力的分散。现代行政组织理论强调以行政权力下放、提高民众参与社会行政的机会、提高对环境变化的应变能力为主要内容的组织变革,注重对行政组织深层结构的研究,强调动态的、开放的、系统的、权变的理论,为行政组织理论研究提供了一种全新的视角和分析方法。

通过对行政组织理论的发展过程和演进脉络进行梳理可以发现,虽然不同时期、不同流派有各自的研究重点和学术见解,但总体看来,它们对行政组织的认识是环环相扣的,体现出研究视角的全面性,而组织的系统性也得到确认。传统行政组织理论以组织分工与职能为视角,在组织管理的基本原则方面奠定了研究基础,强调组织效率而忽视人的主观能动性是该理论的局限所在。行为科学行政组织理论由静态转向动态,注重对人的研究,关注人的情感需求、人性特征在组织管理中的作用,同时提出了非正式组织的存在。传统行政组织理论和行为科学行政组织理论共同的局限是封闭的组织观念和对环境因素的漠视,现代行政组织理论对其的超越也正在于此。现代行政组织理论将组织看作一个开放的系统,注重环境与组织的互动影响,特别是系统理论和权变理论,使行政组织理论不仅站在了系统全面的视角,而且更注重组织对环境变化适应性的研究。

四、系统权变理论

现代行政组织理论的系统权变理论认为,管理原则与方法必须适应外部环境变化,没有普遍适用的完美的组织结构。组织是一个开放的动态系统,与社会环境之间存在相互依存、相互影响的关系,组织管理与结构设计应根据组织所处的环境权宜而变。系统权变理论在承认系统关于组织与环境以及各个分系统之间的相互联系、互动作用和一致性的基础上,制定特定条件下最有效的组织管理方式,认为"在管理因变量和环境自变量之间存在着一种函数关系",每一个特定组织都应该识别和分析组织内部及外部环境出现的多种变量,找到变量之间的联系,进而研究和判断它们与组织管理之间的互动关系。组织所面临的外部环境、内部要素,是组织结构设计的制度依据。

只有对组织内部情况变化和外部环境变化都进行详细分析,并及时采取有效的应对策略才能实现成功的组织管理。系统权变理论的核心在于运用系统观点,通过考察组织与环境之间、组织内各分系统之间的相互联系,确定变化因素的关系模式或者结构类型,设计出适用于具体情况的组织管理方式。系统权变理论使我们认识到组织发展变化的动因、组织设计的原理,这是本书最重要的理论基础。

根据系统权变理论,建构本书的理论逻辑框架:首先,高校行政组织机构是一个开放的系统,处于高校组织系统之中,是社会大系统中的一个子系统,与社会大系统及其他系统之间存在内在的、必然的联系;其次,高校行政组织机构不是一成不变的,它是动态发展的,渗透在高校行政组织的宏观和微观制度环境,始终对高校行政组织的运行模式和组织使命的履行产生影响并起决定作用;最后,构成高校行政组织机构所处的宏观和微观制度环境的诸多要素,影响着高校行政组织机构的存在与发展。

第三节 高校行政组织机构概述

一、高校行政组织机构的相关概念

研究高校行政组织机构,首先需要厘清与其相关的一系列概念的内涵。高校行政组织机构这一概念可以从组织、组织机构、高校、高校行政组织机构四个方面逐层递进加以解读。

(一)组织

组织是人类生存的基本方式,不仅成为社会的细胞和基本单元,而且是社会的基础。现代社会中,组织几乎影响到社会生活的方方面面。"组织"一词,在管理理论中有两个含义:一是作为名词的实体组织(organization),即组织结构及其表现形式——组织机构;二是作为动词的活动过程组织(organize),即组织结构的设计及组织机构的设置。

对于组织的内涵,不同理论流派站在不同视角,有着不同的诠释。从组织理论中理性系统、自然系统和开放系统三个不同视角出发,组织的概念有着不同的界定。理性系统认为组织是意在寻求特定目标且具有高度正式化社会结构的集体。自然系统关注行为结构,强调组织与其他社会集体的共同属性,因而这样认识组织:参与者追求多重利益,但共同认识到组织是一种重要的资源以及长久保持永续长存的价值。开放系统视角的组织定义是相互依赖的活动和人员、资源和信息流的汇聚,将不断变迁的参与者同盟联系在一起,这些同盟根植于更广泛的物质资源与制度环境。

组织首先是一个系统,其中的每一个要素都影响其他要素,并受到其他要素的影响。单从某一要素无法理解组织的本质,对任何组织的解释都离不开更大的环境。

(二)组织机构

组织机构是组织结构的功能载体和表现形式,也就是人们通常所说的名词意义的"组织"。动态的组织应该包括组织设计、机构设置等内容。

传统的组织理论认为,组织机构是根据组织成员的共同目标,对事务权限和职能进行系统内部门划分,设计、制定相关的规章制度和责权利关系,合理地协调组织成员活动的社会实体。其主要包括:①共同的活动目标。人们是为了实现某种共同的目标结合在一起进行协同活动的。如果没有共同的目标,就无所谓组织机构。②不同部门的分工合作与不同层次的权力和责任制度。组织的目标,是任何个体成员都无法单独实现的,必须通过全体成员的分工与合作才行,而这种分工与合作的实现又必须依赖于一定的权力和责任制度。所以在组织中要有不同部门和不同层次的分工,人员在不同岗位上各司其职。③组织机构的任务和职能是通过畅通的渠道传递信息,应理顺组织内部的结构与层级间的协作关系,使组织成员能够高效率地统一行动,最终完成组织的特定目标。

实际上,传统的组织理论把组织机构和组织活动看成与外界没有交换的封闭系统,只是从组织结构内部来说明它的特征,而不能说清楚处于复杂环境中的组织机构。

现代组织理论是从系统论的观点来解释组织机构的,认为组织机构是由若干元素或子系统组成的开放性社会技术系统。组织机构是一个开放性系统,必须不断与外界环境进行物质、信息、能量的交换;组织机构是一个整合系统,既建立在各子系统的相互依存之上,也离不开与环境的相互作用。

(三)高校

高校是社会系统多个组织中的一个特定组织,有着一般社会组织的特点,但同时,高校又是现代组织中较复杂和多样的组织之一,有其鲜明的个性,如教育性、学术性、综合性、服务性等,很难找到一种普遍适用于高校的组织结构形式。学者多立足于社会学、管理学、经济学等不同的理论和角度来研究和分析,从而发展出高校组织理论的不同分支。

高校组织理论最初的理论基础是古典组织理论。泰勒的科学管理理论对高校科层管理模式产生了很大影响。美国新泽西州牛顿市督学弗兰克极力在教育行业推行科学制度管理,他提出"教学成本"的概念,认为要以科学管理控制教学成本。芝加哥大学讲师鲍比特则提出"标准化"的观念,认为要提高教育领域行政组织的组织效率,需要把学生尤其是毕业生当作组织的产出(产品),并将其标准化,对于教育组织运作的技术流程(即教育教学体系)也进行标准化和程序化以保证产品质量,而组织内最重要的成员——教师,作为产品的生产者,应该对应科学而权威的标准来完成生产,严格遵照特定准则来工作。马克斯·韦伯的科层制理论也为高校管理提供了启示。高校具备了组织内进行劳动分工与专业化的职能设计、非人格化取向、权威的存在、明确的等级观念、健全且标准的规章制度以及职业化取向等科层制(官僚制)特征,因此高校为高度发展的科层制。科层制成为许多高校管理者采用的管理模式之一,也成为人们分析高校行为的理论基础。利用古典组织理论来研究高校,则高校与其他组织一样,需要按照一定原则建立合理的层级,根据事务划分部门,从而保证高校内部各部门能够分工协作、沟通信息,实现更高的组织效率。高校成为管理链中的一环,在其内部包含着各种亚层次组织,其外部有着更高层次的管理和协调机构。这对于强化高校的整合、提高高校的组织化程度,起到了积极作用。但这一理论视角将学术管理混同于一般行政管理或经济管理,没有按照学术工作的特点和规律进行科学管理,使得从事学术研究的组织成员无法得到学术自由以及学术资源,抑制了学术管理工作的效率。

行为科学理论引发了教育管理者对教职工在管理中主体地位的重视。在行为科学理论视角下,高校是一个特点鲜明的社会系统,尤其是高校内部成员具有不同的需求,高校的实际运行离不开组织内部各部门、组织成员以及组织内部与外部环境之间的各种联系。由于高校内各子系统的职能和成员背景不同,其所使用的程序及制度也不相同,因此决策工作面临不同的影响因素。与一般组织不同,高校的管理者(一般指行政人员)与被管理者(一般指教师)在不同工作中具有不同甚至权利逆转的决策权限。由此,高校管理者开始采用科学方法了解社会与高校中诸多因素对个人或群体行为的影响,强调人的主观能动性,关注成员的自我需要,改善各个组织之间的关系。而高校行政组织改革正是尊重高校的工作目标,尊重学术规律,根据具体事务和任务的特点来重新分配行政管理者与教师所掌握和使用的权力,使教师等组织成员在组织决策中发挥更大的作用,从而体现参与式管理的思想。

现代组织理论视角下的高校是松散结合、多元分化的组织。詹姆斯·马奇认为,高校没有明确的宗旨和合理的程序,但每一个事件与其解决方法都是一一对应的,处于"有组织的无政府状态"。查尔斯·比德韦尔把学校描绘成一个与众不同的科层制与松散结构的混合体。他在分析高校组织结构松散问题的基础上提出,教师在其专业领域内应该有充分的学术自由包括决策自由,反对学校管理层代替专业教师干预专业决策,妨碍专业自治,这构成了学校内部的松散结构。学校的松散结构支持了组织的专业基础,然而,产品的统一性要求学生在一个有序的过程中接受教育,这又构成了高校的科层制基础。卡尔·韦克等学者认为,组织的各种要素或子系统经常松散地联系在一起,教育组织是松散耦合系统最好的例证。高校处于一种松散的状态,这种状态在某种程度上导致高校更具有创造力,同时有利于个体发挥其想象力和创造力。这种状态可能部分地削弱了行政权力的力度,但其为高校的学术发展提供了一个良好的氛围。系统理论对高校管理的影响则表现为,许多管理者把高校视为开放系统中的一种动态组织,社会上的各种因素都对高校产生影响。

(四)高校行政组织

"行政"这一概念,在不同的历史时期、不同的国家和不同的社会实践中,具有不同的定义。既可以从行政学的角度加以阐释,也可以用管理学的语言加以概括,还可以从法学的视角加以注解。

《辞海》对行政的定义是:①泛指各种管理工作。如政府管理工作、非营利组织管理工作、企业管理工作等。政府管理工作是国家机器的行政工作,是国家权力的一个组成部分。②专指国家行政机关的组织管理活动。行政工作必须以国家法律为准绳开展,范围很广,包括国家安全行政、国家主权行政、国际外交行政、司法监察行政、文化卫生科技教育行政以及国民工业金融经济行政等大量的组织管理活动。

在行政学中,行政通常指"政府公共行政过程中的政务研判和推行"。具体表现为"以宪法原则和宪法精神为依据","以实现社会公平和正义等行政理念为指导",运用公共行政权力,承担行政责任,履行政府职能,制定国家宏观政策等。从管理学的视角来看,行政是为达到某种特定目的,对许多人进行领导、组织、激励和控制,完成或实现一个权力机关所宣布的政策进行的活动总和;行政不等同于政治,行政是国家政策的执行,将所有企事业单位及国家的党团、工会、妇联等组织的管理工作都囊括进"行政",行政是一定机构或部门为达到一个特定的目标而展开的各项管理活动。

就高等教育而言,行政作为一种不可缺少的管理机制和管理活动,指代高校中以校长为首的一套学校管理组织系统。它具备特定的管理职能,可以完成一系列管理活动以及在政府与学校的关系上,政府采取直接的指令和政策干预与处理学校有关事务。

本书中的行政主要指高校内部各部门根据学校规章制度及按职能分配的权力,对学校相关事务进行计划、组织、领导、沟通和控制,完成科学管理。具体说就是高校行政组织机构通过优化配置内部和外部资源,调动全体师生员工,按照相应的政策、制度、规则、流程,为实现高校的特定目标,履行管理职责,激发工作热情,实现科学管理,完成效率提升的一系列组织活动。

行政组织作为一种社会组织,有广义和狭义之分。广义的行政组织是指为执行一定事务而将从事共同工作的人通过权责和任务分配结成协调的组织机构;狭义的行政组织则主要指为执行国家政务所结成的有系统关系的组织机构。行政组织是一种人为设计和创建的正式组织,是在行政权运作过程中形成的,由两个或两个以上的行政人员所构成的特定关系网络。行政组织包括组织目标、机构设置、人员构成、权责体系、法规制度和物质因素等六大要素。行政组织机构是行政组织的实体，是履行行政职能、达成组织目标的载体。

对于高校行政组织机构，有学者从组织管理的视角加以概括，认为高校组织机构按照工作内容和管理目标可以分为学术机构和管理机构，其中管理机构是指高校内部设置的各个行政管理部门、党团政治组织和工会妇联机构及其互动关系，它们在实现高校工作目标过程中起保障和协调作用，其职能是充分调动和利用高校内外部的各种资源，为学术活动的开展提供必要的专业支持和辅助。

有学者从权力结构和特征角度来表述高校行政组织机构：科层制组织体系下发展的行政权力形成了高校的纵向结构，其权力主体是高校中的行政机构和行政人员，组织层级关系影响和协调组织中各个因素；其特征主要有利用科层结构维持高校的日常运行，依据制度和命令维持科层形态，自上而下授权，严格的外部监控等。

有学者从行政学的范畴加以界定，并指出高校行政组织是实施管理职能的组织，其岗位即表现为某一职务的位置，简称职位。具有一定职责和权利的若干个岗位按照一定的规律相互联系、相互制约，形成一个相对独立的整体，就构成一个行政机构。行政组织机构是高校的决策与执行系统。

行政管理系统按指挥的层次一般可分为校和处（院、系）两级制，院是学校中的教学行政基层组织。1950年教育部颁布的《高教六十条》提出："高校及专门学院的系，为教学行政的基层组织。"1961年教育部颁布的《教育部直属高等学校暂行工作条例（草案）》（简称《高教六十条》）指出："系是按照专业性质设置的教学行政组织。"1978年修订的《高教六十条》又指出："系是按照学科性质设置的教学行政组织。"这些条文共同说明了系是教学行政管理机构。它要接受学校各行政部门提出的要求，做好教学、科研管理和学生思想政治工作。系（院）行政组织机构由系主任（院长）、副主任（副院长）和办公室等组成。院长直接领导和组织学院的教学、科研和行政工作。

综上所述，本书主要以校级行政组织机构为研究对象，具体指以校长为首的行政管理体系,是为了管理学校公共事务,实现高校的目标,从事公共事务管理的一切学校行政机关。按照职能层级,高校一般实行校、处、科三级制。在学校层面,包括校长、副校长及各有关行政管理部门。行政管理部门根据业务领域按照工作内容和管理内容进行职能划分,主要有教务管理、科研管理、财务与审计管理、安全管理、人事管理、学生事务与活动管理、招生与就业管理、后勤与产业管理、基建与资产管理、外事与国际合作管理、政策与发展规划管理等。各高校设置的行政管理部门差别不大,各职能部门被上级赋予了相应的工作职责和权力。

我国高等教育管理体制具有其特殊性,高校实行"党委领导下的校长负责制",因此,高校内部管理组织机构拥有两个系统,即党委系统和行政系统,形成了以校长为首的行政组织机构和以党委为核心的政治组织机构。

二、高校行政组织机构的特征

高校行政组织机构的特征,是高校行政组织区别于其他组织的标志,也是研究高校行政组织机构本质的基础。研究高校行政组织机构,有必要先对其特征进行分析。

融合不同理论,本书认为高校行政组织机构应具有组织机构的一般特点:

(1)整体性。组织机构是为了实现特定的目的而组织起来的、形成综合力量的、以人为主的机构,是一个集体实现共同目标的工具,是一个与环境协调一致的人群系统。只有个别人员,没有整体目标、不能适应环境和变化的组织机构是不存在的。

(2)实用性。每个组织都存在于特定且具体的外部环境之中,外部环境与组织有充分的相互作用,组织要适应环境的影响和变化。组织活动不是封闭的,其生存状况和工作效率取决于组织与外部环境互动关系的友善程度。因此,环境的实际需要是组织机构产生和发展的依据。

(3)复杂性。组织机构是由人员和子系统组成的,它们之间存在着差异和矛盾,这种差异和矛盾既是它们之间形成冲突的原因,也促使它们形成了分工、协作与互动的关系,维系着组织生存和发展。另外,组织机构内部各部门及各个层级,被分配了相应的责权利,并且有一定的政策和制度保护。它们既互相影响和制约,也互相协作和促进。

高校行政组织机构也具有行政管理的主要特征:

(1)组织结构通常采用科层制纵向体系。

(2)由管理系统承担管理职能,并开展管理活动。

(3)部门及权力的隶属关系明确,部门负责制和负责人制度普遍存在。

(4)制定了具体的规章制度和工作流程,在管理活动中必须按照标准执行。

高校行政组织机构还具有高校内部组织的特点:

(1)从高校行政组织机构的功能视角分析,高校行政组织机构具有服务与辅助性功能。高校设置的各个行政管理部门属于辅助和协调机构,其职能是调动高校内外部资源,为学术活动的有效开展提供必要的专业支持和保障。

(2)从权力结构和特征视角分析,高校行政组织机构属于科层制组织体系,行政机构和行政人员是权力的主体,严格的组织层级、自上而下的强制授权、制度和命令的权力形态、严格的外部监控等特点,使其与学术组织有着显著的区别。

(3)根据现代管理系统原理,所有系统所形成的管理机构和管理方式都是为了实现其特定目标和系统职能。我国高校实行的是党委领导下的校长负责制,要求党委既加强对学校工作的全面领导,又不包办代替行政事务,做到党政职能分工。

三、高校行政组织机构的设置原则

组织的设置原则与组织的发展目标、权力分配及运行逻辑密切相关。高校行政组织机构的设置原则体现了高校的发展目标。不同的高校或者在高校的不同发展阶段,其行政组织机构所采取的结构有所不同,所反映的正是高校的权力配置与组织结构之间的张力关系。分析高校行政组织机构的设置原则及结构类型,是对高校行政组织机构进行设计与改革的又一理论支点。

在行政组织理论发展过程中,产生过许多关于组织机构设置原则的理论。传统行政组织理论时期,比较有代表性的有厄威克的八条原则:目标原则、相符原则、权限原则、专业化原则、控制幅度原则、协调性原则、明确性原则、平衡性原则。行为科学行政组织理论时期的组织设置原则可以概括为：人性需求满足原则、员工集体参与原则、重视人与人的关系原则、塑造领导力原则、尊重非正式组织原则等。现代行政组织理论时期的组织设置原则主要有相关性原则、整体性原则、有序性原则、开放性原则、结构性原则、动态性原则、最优化原则、反馈原则等。

我国行政组织设置主要遵循为民服务原则、完整统一原则、责权利统一原则、精简优化机构原则、法律准绳原则、适应发展原则。教育行政组织设置的原则有有法可依原则、因需设岗原则、完整统一原则、责权统一原则、机构精简高效原则、事权对应原则、稳定性与变动性相结合原则。

（一）一般行政组织的设置原则

不同时期的行政组织理论为高校行政组织机构的设置原则提供了参照与依据。高校行政组织机构设置首先应遵循一般行政组织机构设置的原则，归纳起来，主要有以下几条。

1.目标一致的原则

保障组织的特定目标与任务实现是组织机构设置首要考虑的，因此，组织机构的设置首先应服从于组织目标的实现。现代组织作为复杂系统，其内部各组织都应贯彻组织整体目标。高校在设置行政组织机构时相应的目标必须一致地体现高校的整体目标，将高校的目标转化为行政组织的管理目标；在此基础上，要将高校行政组织的管理目标分解为各行政组织机构的分目标，如人事目标、教学目标、科研目标等，同时根据目标一致原则，优化各层次行政组织机构的管理目标，使各个层次组织机构的目标相一致。

2.责权对应的原则

责权对应是建立组织机构、发挥部门职能作用和做到相互协调的关键。权力是承担责任的保证，而责任则是行使权力的目的。行政组织机构的设置，应该保障责权利统一，尤其是责权统一。只有责任与权力协调统一，才能高效开展工作。责大权小、权大责小、有责无权、有权无责等问题必导致管理效率低下。权力和责任一致的有效形式是明确各行政组织机构的权力界限和职责范围,既保证权力边界可以充分履行对应职责,又保证履行职责所需的合适的权力边界。加强考核,充分监督,使各个职能部门都按照责权要求工作,提高工作效率。

3.分工协作的原则

组织机构是人们为达到共同目标而使组织内全体成员通力协作的一种形式。它既应规定组织成员、组织部门各自的职务分工,又应明确它们之间相互协作的关系。高校所承担的活动和任务存在着不少综合性很强的内容,往往难以由一个人或一个组织机构去完成,这类边界不清的活动与任务如果经常发生,而又无组织机构去完成时,可成立新的组织机构。在高校行政组织系统中,决策系统、执行系统、咨询系统、反馈系统等组织机构之间必须做到分工明确与统一协调相结合。

4.精简高效的原则

设置行政组织机构的目的在于对高校实行有效的管理,而完成管理任务所设置的组织机构要精简高效。科学技术的迅速发展,为组织机构管理提供了现代化的手段,以处理迅速增长的信息量。这就要求高校在设置行政组织机构时,数量要少,质量要高,以提高其效率。在设置行政组织机构时要根据实际情况因需进行,即这种机构具备的职能是学校管理活动的有机组成部分,必须单独成立部门来运行和协调,而其他机构又无法替代;设置行政组织机构的数量,要考虑到高校的规模、类型、专业性质、教学过程的特点等;要根据各自工作任务的类型和大小,设置必要的职能机构。

5.管理优化的原则

设置组织结构时,管理层次与管理幅度是两个相互联系、相互制约的重要因素。组织结构纵向表现为管理层次,组织结构横向表现为管理幅度。通常管理层次与幅度为负相关关系,即管理幅度扩大会减少管理层次,而管理幅度缩小则导致管理层次增多。与之相对应,管理层次越多,管理幅度就越小,反之则越大。高校行政组织机构采取何种管理层次与幅度,与高校的规模、类型、工作任务、人员素质甚至办学地点等都密切相关。因此,高校行政组织机构的设置,应该从实际出发,因校制宜,不能强求一律,搞"一刀切"。

（二）高校行政组织机构设置的内部逻辑

高校行政组织机构具有高校内部组织机构和行政组织机构的双重性,因此,其设置不仅要遵循一般行政组织的设置原则,还应该符合高校行政组织机构设置的内部逻辑。

1.高校行政组织机构设置应是高校的价值体现

高校的核心价值之一是学术价值,学术使命是高校的价值追求,高校内部管理区别于其他管理的特征就在于其学术性。因此,弘扬学术理想,捍卫学术精神,是高校管理的内在逻辑要求,也是高校行政组织机构设置的价值原则。虽然在我国高校运行中,工具价值、功利价值和学术价值的博弈贯穿始终,但高校行政组织机构的设置,要以学术价值为组织价值,明确学术价值的重要地位,不要因为经济价值等因素的干扰而弱化它。

2.高校行政组织机构应凸显高校的基本功能

高校具有培养人才、科学研究、文化传承和社会服务四大功能以及由此衍生的其他功能,知识是构成高校各种学术活动的共同要素,高校的本质在于发展知识、传播高深学问和培养国家栋梁,高校的这些功能集中体现了以知识为目的的高校功能,是高校学术性的体现。高校内部设置的组织机构是其组织功能得以实施和保障的载体。其中,基层学术组织是高校功能得以实现的核心机构,具有不可替代性;行政组织机构则应该以服务于高校功能的实现为宗旨,发挥好保障作用。

3.高校行政组织机构设置需协调好内外部因素的关系

开放系统理论告诉我们,高校是社会组织系统,其组织机构设置与运行既受到高校内部各种因素的影响,也受到高校外部其他因素的影响。高校行政组织机构设置既受到高校的属性、功能等自身因素的影响,也不可避免地受到高校外部因素的影响,政府和市场对高校行政组织的影响尤为突出。国家高等教育管理政策、经济社会发展水平、市场需求等都会对高校行政组织的设置产生导向作用。高校行政组织机构设置应在高校内外部影响因素中做好调适,确保高校行政组织机构能够灵活高效地运行。

四、高校行政组织机构的结构

高校行政组织机构的结构可以分为直线制、职能制、直线-职能制、分权制与矩阵结构,这些组织结构各有特点。不同的高校,行政组织机构的结构形式不尽相同。高校行政组织机构的结构决定了组织中的管理层次和管理幅度,规定了行政组织机构的结构框架,包含了确保跨部门沟通、协作与力量整合的制度设计,也体现了高校行政管理中的权力配置与组织结构之间的张力[①]。

(一)直线制

直线制是在组织机构中高度集权,中间不通过分权设置职能机构,整个结构是自顶向下垂直领导的一种模式。在这种模式下,由校长亲自对一切事务进行领导和管理,或许有个别组织成员可以参与管理,但权力不大。该模式的优点是结构简单、指令明确、信息畅通、责任与权限高度统一。缺点是校长要对所有事务亲自决策,当事务涉及面广且复杂时很难胜任,效率不高,因而不适合规模较大的高校。该模式有时会在以成人教育为主的学校里使用。

(二)职能制

职能制是在组织机构中通过对职能的梳理,设置各种对应的职能机构和部门,这些机构和部门代替校长执行管理职能,按层级进行组织的一种模式。规模较大高校的管理工作较复杂,各项管理工作需要有专门的管理知识,而校长很难具有各种管理知识,要独自进行全面有效的指导很困难,因此需要设立各种职能部门,各职能部门根据委托代替校长执行其所获得的权力并履行职能。各职能部门通常又设有明显的层级,上级职能部门可以直接向下级下达指示和命令,下级必须执行。这种模式因职能部门有指挥权,所以称职能制组织结构。其优点是可以使校长从复杂繁忙的一般性事务指挥工作中解脱出来,主抓学校发展中的重大事务。但缺点是多头领

---

① 孙博玲. 基于"新国标"的新工科产教融合人才培养模式研究[M]. 北京:中国纺织出版社,2021.

导现象比较普遍,一个下级部门可能对应多个上级部门,沟通协调不容易,甚至会出现上级指令之间相互矛盾的情况。

(三)直线-职能制

直线-职能制是在直线制基础上增设无指挥权的职能机构和职能管理人员而形成的一种模式。这种模式根据管理需要和组织目标将组织机构内部各层次管理机构和行政人员分为两类:有指挥权的和无指挥权的。有指挥权的职能机构和职能管理人员按照职能制模式直接对下级行使指挥权,履行部门职责;无指挥权的职能机构和职能管理人员按照直线制模式仅仅充当参谋机构和助手,可以行使对下级的建议权和指导权,但没有决策权和指挥权。这种模式既保证了校长对权力的掌握和对事务的指挥,又能借助职能机构的力量通过分权对部分领域和业务进行专业管理。规模较大、业务较多、管理分工专业性较强的高校使用该模式可以提高管理效率。其缺点是各职能机构职责不清,权力重叠,需要协调的业务比较多,很多工作需要多头参与管理方可完成,容易造成协调困难、责权不明、效率低下的现象①。我国高校目前普遍采用这种模式,有些要解决的重大管理问题往往采用矩阵结构来解决。

(四)分权制

分权制是在组织机构中设立有独立权力和责任的若干分组织机构的一种模式。这种模式在高校中表现为校级下设学院、学院之下设系,学院内有相对独立和明确的领导权、决策权及部门职责。将部分权力下移至学院是目前高校的普遍做法。该模式适用于学科较多,办学规模较大,学院事务较多、较杂的高校。其优点是通过合理分解校长的部分权力将管理中心下移,校长摆脱了日常事务和底层事务的干扰,可集中精力抓好学校方向性的重大事务;降低了校长的管理幅度,校长直线指挥的部门和机构得以精简,提高了管理效率;二级学院通过行使被委托的权力,得到了一定的管理自主权,提高了工作积极性和创造性,改善了学院的管理水平,推动了

---

① 李文喜,张玉龙. 校园文化品牌建设新视野以滨州医学院三个校园建设为视角[M]. 北京:新华出版社,2021.

学院建设和发展；有助于学科间的交叉发展，有助于边缘学科的发展。

(五)矩阵结构

矩阵结构是在组织机构中，将纵向的下属机构通过横向机构相联系，将有关活动直接组合，形成类似数学上称为"矩阵"的一种模式。这种模式在高校表现为在校长直接领导下设置各系的同时，可设置校长直接领导的若干中心，这些中心可以根据特定任务组织和吸收相关人员，这些中心成员既被中心负责人领导，也被原部门负责人领导，从而形成新型领导关系。这种组织结构的优点是，打破了工作中人的位置只与固定单一岗位挂钩的管理原则，可以根据任务需求灵活安排人员而不产生大的调动。矩阵结构实现了纵向管理与横向管理，更好地适应了高校业务头绪多、专业性强、复合型工作繁重的现状；但由于中心成员被多个部门负责人直接领导，可能产生一些工作安排上的冲突，此时需要高层管理人员出面协调。

我国高校行政组织机构基本不存在单一的组织结构，往往是以某种形式为主，同时采用其他形式作为补充，这也是高校行政组织结构复杂性和多元性的体现。

第四节　高校行政组织机构开放系统模型要素分析

对高校行政组织机构相关理论进行梳理的目的在于寻找高校行政组织机构研究的理论依据，构建高校行政组织机构研究的理论框架。研究高校行政组织机构变革，关键是找准高校行政组织机构的影响因素。

一、内部因素

对行政组织机构影响因素的研究，首先从系统内部的影响因素开始。结构系统是为了完成组织目标而设计和组织的正式科层期望，是组织的正式需求与责任，它具体规定了特定的角色或职位的恰当行为。高校行政组织机构的结构系统包含了由科层期望与角色、部门层级与职位、规章制度和专业化组成的结构。行政组织机构承担着什么样的组织角色，由哪些职位和部门构成，其规范化程度、管理的跨度、劳动分工程度、人员配置比率等,是由行政组织机构的结构系统决定的。个体系统包括成员的个人需要、目标、信念和认知。高校行政组织机构中的个体系统体现为行政人员的个体需要和工作认知,他们的动机和认知受到自我控制与能力、个人目标、对失败和成功的期望等诸多因素的影响。文化系统是由员工共享的价值观、信念、理解和标准等组成的,文化将一个组织与其他组织区别开,为组织成员提供了组织认同感。高校行政组织机构中,行政人员共享的信念与非正式规范对文化的产生有着重要的影响,它们互动产生的行政文化通过行政组织机构的形态、管理特征和行政人员的行为得以体现。政治系统指系统的权力关系,如果说结构系统代表了高校行政组织机构的正式方面,提供了组织的正式权威,文化系统催生了非正式权威,个体系统把专业权威带到了组织,那么,政治系统则带有典型的非正式性,它造成组织内的融合、协商、对立与冲突,成为影响组织行为的重要力量。

二、技术核心

技术核心是组织为完成使命与责任而进行的最核心的转化过程,所有组织都有与系统的重要使命密切相关的技术核心。高校的技术核心是人才培养、科学研究和社会服务等学术活动,这是由其学术属性定位决定的,也就是作为学术组织,其技术核心是为完成学术使命而进行的学术活动,其他所有活动都居于这一基本使命活动之后。高校行政组织机构产生于高校学术属性基础之上,高校行政组织机构的运行应紧紧围绕学术活动的开展与学术使命的实现。基于高校属性的学术活动,为学校的管理和决策提供依据,也成为高校行政组织机构设计与改革的主要动因。但如果高校的属性偏离了学术属性,行政属性或其他属性占据主导地位,那么高校的技术核心便会偏离学术活动,高校行政组织机构也会产生相应的变化。因此,高校的属性定位,决定了高校的技术核心,也成为影响高校行政组织机构的重要自变量。

三、环境

环境是组织边界之外的所有因素。现代组织理论认为,组织是一个开放系统,因此必然与环境产生互动联系,这种联系决定了组织的生存。组织与环境的联系通过输入和输出的存在来表现和施加影响。环境包括系统边界之外的一切事物,环境影响系统边界内系统成分的特性,或是被社会开放系统本身所影响。组织作为开放系统,需要外部环境提供的各类必需资源,通过环境的适应和组织的运转把输入资源进行转化,再向外部环境提供某些产出,在环境的影响和动态变化中开展和协调组织内部的活动。开放系统不仅受环境的影响,而且对环境具有依赖性。高等教育系统中的任何一个组织都处于不断变化的环境中,不断与环境进行物质、能量和信息的交流。对一所学校来说,地方政策、中央管理者、其他学校建筑和社区都是学校环境的重要特征。高校与所处的大环境呈现为一种输入与输出的关系,高校行政组织机构也需要与环境保持一种相对的动态平衡。高校行政组织机构运行过程应包括从环境输入各种资源,如组织使命、宏观政策、人力资源、政府经费和社会资本等;高校行政组织机构系统内部发生的转化过程,包括结构等子系统的相互影响和技术核心的实现;由转化过程产生的输出,包括高校行政组织机构的服务质量、组织效率等。环境给高校行政组织机构提供机会和资源的同时,也会给其带来约束。高校的发展,离不开政府、社会,离不开所处的政治、经济、文化等环境。在我国,高校受政府的影响尤为明显。作为高校的举办者,政府提供高校发展所需的资源,政府对高等教育所采取的宏观管理政策,成为影响高校的至关重要的因素,进而也成为影响高校行政组织机构设置与改革的重要因素。同样,在高校内部,行政组织机构与其他系统也发生着必然的联系,这些系统也构成了高校行政组织的环境,其中,高校内部管理体制对行政组织机构的运行模式起着至关重要的作用。因此,由高校的宏观管理政策和内部管理体制所构成的高等教育管理体制,成为高校行政组织变量关系中的另一个重要变量。

四、组织目标

根据组织设计理论,组织有着明确的管理目标,不同的组织目标决定着不同的组织结构,高校行政组织机构的设计与改革应以高校组织活动的目标为准绳,以保证高校组织目标的实现。在高校组织目标的实现过程中,绩效是目标实现的一个重要指标,因此,高校行政组织需要协调好人、财、物的关系,以取得较高的办学效益和效率。从教育经济学的角度看,教育是一种需要耗费资源并受成本等经济因素影响的生产过程,需要考虑来自教育需求者的竞争和高校在规模与质量上的竞争。教育需求者的竞争使高校必须根据需要规划发展路径,高校之间的竞争必然会使高校提高内部组织效率,以降低生产成本,实现投入产出的最优。同时,高校是非营利组织,非营利组织的财政资源一般来自政府拨款、赠予和捐赠,而不是来自产品和服务的销售。非营利组织的经理人承担着以有限的资金服务客户的责任,因此他们必须关注如何将组织运营成本降至最低并且如何最有效地利用资源。由于非营利组织没有一个惯例的"底线",经理人经常要努力寻求什么才是组织效率的构成。效率是用来达到组织目标的资源量,是基于获得一定水平的产出而投入的必要的原材料。高校的办学效率是高校组织运行中必须考虑的问题,因此,在高校行政组织机构的变量关系中,办学效率成为影响高校行政组织机构设计与改革的又一重要变量。

五、系统边界

系统边界将系统与环境区分开,规定了系统活动的范围,使系统与外界保持相对的独立。封闭系统的边界固定,不可渗透;开放系统的边界比封闭系统模糊,且与所处的环境相互渗透。但高校有着自身独特的属性,高校内部完整的子系统和高校的职能,决定了高校拥有一定程度的自治与独立,可以与环境保持一定的距离而不受干扰。这一属性就是高校与生俱来的学术性。高校学术属性边界的存在,是高校职能实现的保障。学术属性边界也使高校行政组织机构呈现出与其他社会行政组织机构不同的特点,因此,高校行政组织机构的运行必须关注高校自身的属性边界,并为保持这一边界而调整自身与外界的平衡。

六、反馈环

反馈是系统与外界交换信息并进行自我修正的过程。在高校行政组织机构开放系统模型中,存在着内部反馈环和外部反馈环。在内部反馈环中,高校行政组织机构的四个内部系统相互影响,构成了高校行政组织机构的组织行为。可以说,行政组织机构的组织行为是在外部环境影响下,结构、个体、文化、政治诸要素的互动函数。高校行政组织机构也与外界环境互动交流,收集信息并做出相应反馈。如高等教育管理体制的改变,可能直接导致高校行政组织机构的职能变化与调整;高校属性定位的改变,会使高校行政组织机构的运行目标发生改变;高校投入产出比的变化,可能使高校行政组织机构的规模、设置等发生变化。内部反馈环和外部反馈环强化了高校行政组织机构组织行为的适应性,高校行政组织机构变革也正是基于对系统内外部影响因素的积极反馈而进行的。

通过对高校行政组织机构开放系统模型中各种要素的分析,可以概括出影响高校行政组织机构的主要变量:①行政组织机构内部 4 个子系统——结构系统、个体系统、文化系统和政治系统;②核心技术和组织边界同时指向的高校组织属性;③组织目标的效率因素;④行政组织机构的环境因素,即高等教育管理体制。这些变量之间也存在着相互影响的关系。

系统权变理论让我们清楚地认识到,组织既是结构又是过程,在"输入—转化—输出"的循环反复中,既存在周而复始的循环因素,也存在改变现存机构的力量。高校行政组织机构的变革,不能仅局限于自身内部系统的改革,也要面向外部系统,要与外部影响要素相匹配。高校属性、高校办学效率、高等教育管理体制,作为高校行政组织机构的外部影响要素,通过系统的反馈,对高校行政组织机构的内部系统产生着至关重要的影响。高校行政组织机构对这些变量的恰当反应,是高校行政组织机构良性循环的前提与基础。因此,本书将高校行政组织机构作为因变量,将高校属性、办学效率和高等教育管理体制作为自变量,构建起高校行政组织机构关系模型,并基于这三个自变量对高校行政组织机构的影响展开研究。

第五节　关于高校行政管理的思考

高校是培养具有知识创新能力的高层次人才的重要场所,在社会中的作用越来越突出,对社会的影响力也越来越明显。面对新形势,高校唯有转变观念、更新管理模式,才能够推进高校改革与创新,才能够适应新时期社会发展的需要。在高校改革实施的过程中,高校行政管理具有协调、激励、参谋与保障等多方面的作用。在高校日常办学活动中,出现任何问题都有可能影响整个学校的教学科研工作,影响高校未来的发展。而高校行政管理就是借用服务来协调不同部门之间的关系,以达到扬长避短、充分发挥各方的优势、促进高校深化改革的目的,进而完善监督检查机制。

一、协调行政管理与学术管理的关系

高校的行政管理与学术管理共同组成高校管理,这两者的本质就是要促进高校的不断发展。在此过程中,需要两者进行互动,并协调好两者之间的关系,从而保证各种问题得到针对性的解决,提高高校决策的科学性、合理性,防止资源浪费。协调好两者之间的关系,需要从管理体制、组织设置、制度建设与工作程序等方面着手,通过制度与体制促使学术管理与行政管理更加规范。

二、实行柔性化管理

在高校行政管理过程中,采用柔性化的管理方式,不仅可以将工作人员的积极性与主动性充分调动起来,还能够加强行政人员与学术人员之间的沟通交流,促使高校管理目标的实现。在实行柔性化管理的过程中,首先要树立民主管理理念,增强民主参与意识。在高校各项管理与决策的过程中,让师生参与进来,培养师生的主人翁意识与责任感①。在高校行政管理过程中,实行柔性化管理,可以激励工作人员,促进和谐校园的建设,同时还要关注师生的情感需要。柔性化管理的中心是人,充分尊重与理解是柔性化管理的前提。在高校行政管理过程中将人的中心作用充分凸显出来,可以增强教师的亲和力与师生的凝聚力。

三、提高行政管理人员的素质

改革和创新高校行政管理,对于行政管理队伍建设具有重要作用。不断提高行政管理人员的素质,优化行政管理队伍,是提高高校行政管理水平的前提。因此,高校应当在行政管理人员选拔上严格遵循相应的原则与标准,保证行政管理人员的综合素质满足该项工作的需要。同时还应对工作环境进行优化,促使行政管理人员把行政工作当作个人事业,尽心尽力做好。

---

① 林杰. 高校行政工作者管理角色与考核评价研究[M]. 北京:兵器工业出版社,2014.

四、转变高校行政管理的观念

首先,在高校行政管理工作中,要做到以人为本,对自身进行明确定位,树立正确的管理观念。其次,在高校行政管理工作中,积极探索以人为本的工作方法及思路,实现以人为本的管理。最后,在高校行政管理工作中,要给予被管理者足够的尊重。坚持以人为本,不但可以更好地落实高校行政管理的各项工作,而且可以提高行政管理在高校运行中的影响力,更充分地发挥行政管理的重要作用。

五、深入开展高校行政管理理论研究

为了更好地促进高校行政管理工作的开展,有必要进行理论研究。第一,对行政管理课题进行立项,鼓励学者进行理论研究,营造良好的研究氛围。第二,奖励取得行政管理研究成果的学者,调动学者研究的积极性。第三,对理论研究成果进行深入研究。借鉴先进的研究成果,并结合高校发展的实际情况,找到适合学校发展的理论。

在高等教育不断发展的过程中,高校行政管理工作必须予以重视。为了与高校各项工作相互匹配,需要改革高校行政管理工作,使其发挥出真正的作用。

第二章 高校办学效率与高校 行政管理改革

高效是组织管理本质的直接体现和具体化,揭示了组织管理追求的目标。高校作为非营利组织,提高效率的内在动力和外在压力在理论上似显不足,但在公共管理改革日益推进的形势下,高校既面临着高等教育资源稀缺的压力,也处于各种利益相关者对高校责任与效率要求更高的现实环境中,因此,高校如何有效保证其组织功能与组织目标的实现成为备受关注的问题[①]。

第一节 高校办学效率的内涵与历史溯源

从不同角度出发,效率有着不同的解释和度量。无论是从物理学、社会学角度,还是从经济学、管理学角度解释,效率都强调输入和输出之间的比例关系,注重过程与结果之间的关系。高校作为一种特殊的组织形式,其效率的考量既不能单纯以经济学角度的成本收益概念来进行说明,也不能仅仅从高校的社会服务功能出发进行分析,必须综合考虑高校的办学目的,以及随着高校的属性和功能变化后其在教学、科研和社会服务等多个方面发挥的作用。

一、高校办学效率的内涵

"效率"根植于经济和经济学领域,并逐渐被其他领域所接受。西方学者倾向于对效率进行狭义解释,认为效率是广义的绩效或生产率的一个组

---

① 郭大成. 高校领导体制的研究与探索[M]. 北京:北京理工高校出版社,2014.

成部分。孔茨指出,生产率包括效益和效率,效益是指目标实现的程度,而效率则是用最少的资源达到既定的目标。奥斯托罗姆从成本的角度界定效率,效率指用最小的成本达到既定的目标,或者成本既定时产出最大。在组织生产活动中,效率泛指组织生产活动所取得的结果和所消耗的劳动量的比率,即投入产出比。这一概念常被用作考察组织生产活动的有效程度。教育既具有生产性,又具有消费性。对于教育活动来说,投入教育资源,产出高素质专门人才、科学研究成果和社会服务,其过程的有效性可以用效率指标加以评价。当今大学既处于高等教育大市场的洪流中,也处于各种利益相关者的关注中,因此,高校的教育活动有着对效率与公平的追求,可以用效率作为衡量教育投资利用效率和教育资源利用效率的指标。体现在高校管理过程中,效率就是最大限度地利用各种资源、最大限度地减少浪费。

效率是评定组织绩效与运行状态的工具性指标。一般经济实体中的效率都是一种标准的刚性指标,结果直观清楚,易于测评。高校与一般组织有本质上的差异,即具有学术性,因而效率指标在界定与评价上具有模糊性。高校行政组织机构应该坚持高效原则,以行政组织办学的高效率保证高校办学的高效率。按照韦伯的观点,科层制使理性决策与管理效率最大化,劳动分工、专业化、非人格化取向的专家、权威体系以及组织成员对组织的忠诚等特征,使管理效率最大化。可以说,基于科层制原理建立的高校行政组织机构在高校理性决策中扮演了重要角色,其较高的管理效率保证了高校的办学效率。而高校不能脱离社会环境而存在,必然受到外部政治、经济、文化等各种环境因素的影响,高校行政组织机构也不是封闭系统,因此,考量高校办学效率与高校行政组织机构的关系,还需要兼顾高校内外部多个指标。

经济学家沃尔夫把效率分为宏观效率和微观效率。宏观效率是指不同国家中市场和政府的相对规模所引起的真正的经济增长率;微观效率指私人、市场导向的公司或政府提供给单位产品或服务所需要的相对成本。根据沃尔夫的观点,高校的办学效率可以用宏观效率和微观效率来衡量。宏观效率指高校在一定的政府制度安排和市场环境下外部的间接投入与高校的间接产出之比,以此来计算高校的总体发展速度,评价高校对经济社会发展所做的贡献。高校的微观办学效率指高校内部直接投入与产出之间的比较,如学校的成本效率。

从投入-产出角度分析,效率还可以分为技术效率和配置效率。技术效率关注的是各项投入是否得到了充分有效的利用;配置效率关注的是各项投入是否达到了最佳组合或最佳比例。从提高技术效率的角度看,高校要充分利用资源,提高产出;从提高配置效率的角度看,高校则需要调整投入要素之间的比例,如调整行政组织与学术组织的人数比例、调整行政资源与学术资源之间的分配比例。当技术效率与配置效率都达到较高程度时,才可以说高校具有了较高的办学效率。

基于以上分析,本书中的高校办学效率主要是指高校教育资源的使用效率,即高校办学的资源投入与教育产出之比。在这里,高校办学的资源投入主要考虑高校投入的学术资源、学生资源、教师资源、物资资源等方面,而高校办学的教育产出主要考虑高校的研究生人才培养、本科生人才培养、自然科学和社会科学的研究成果等方面。

二、高校办学效率的历史追溯

在漫长的历史发展中,高校对办学效率的关注与追求的程度并不一样,内容也有所侧重。随着高校与外部环境联系得更加密切,高校办学效率的内涵不断丰富与发展,高校对办学效率的关注也经历了从目标一元化到多元化的过程。

当高校作为单纯的由教师和学生组成的学术共同体存在时,具有相对独立性,也是保守而封闭的。高校保持着闲逸好奇的求知动力,高校的教育是心智训练,高校的使命是培养良好的社会公民。早期的西方中世纪大学"没有图书馆、实验室,没有捐助基金和属于高校的建筑物,在物质存在方面不带有一丁点对我们来说不言而喻的特征"[①]。这一时期高校办学的目标是单一的,高校对效率的关注主要集中在所培养的社会精英的质量上,因此很难以投入产出的经济效率指标体系加以评价。但中世纪大学也并非不关注成本等经济效率。大学的收入有来自大学内部的,"包括入学

---

① 哈斯金斯.大学的兴起[M].王建妮,译.上海:上海世纪出版集团,2005.

和毕业的学费,赏赐与其他赠予,从同乡会收集的钱和征集款",也有来自大学外部的,"包括教会捐赠,国王、公爵或者公民所付的薪水,捐赠和助学金等"。"大学的财政数额很小,财政资源和需要差异大,因此,大学的开支很节制。"在英国的大学里,由学监任主要财政官员,现有的学监账目日期是从 15 世纪中期开始的。从中可以看出,那时的大学已开始对成本效率予以关注。尤其是中世纪后期的大学,已经做不到自给自足,传统的收入完全无法满足学校建筑增加和维护所需的高额成本,他们不得不接受市政当局的财政控制,并对政府的要求给予回报①。

近代欧洲大学也缺乏资金来源,许多大学出现了生存困难,大学愈加依靠政府资助,也更加受到政府的控制,度过资金困难的唯一方法就是更加节俭。"18 世纪大学改革中,政府努力将大学的所有财产合并,将所有收入统一为一个集中资金,以确保大学的花费。开明的君主希望将预算合理化和收入集中化,以使大学更有效率而且会有节余。"由此可以看出,无论高校还是政府,都对高校的办学效率有了更多的关注。这一时期的欧洲大学的预算由不同的权力机构管理,有的在自己的学术团体中选出经济官员,有的将经济事务留给政府指定的官员。但在意大利等国家,由于教授管理得不称职和不细致,大学陷入严重经济困难,而资金由权力机构负责的专业官员管理则是一种较好的和有效的方式。这在某种程度上印证了高校专职行政管理人员出现的必要性。

高校对办学效率的高度关注始于 20 世纪,这一时期的高校与社会的联系更加紧密。高校的科学研究和社会服务职能凸显了对国家生存危机与改革发展的重要作用,政府和社会对高等教育更加关注,通过扩大对高校的经费支持来影响高校,对高校的办学效率也给予关注。高校为了自身的生存发展,也加大了对办学效率的追求。

英国政府认识到了高校教育对国家和公民的价值,于 1919 年成立了大学拨款委员会。该委员会建立的根本目的就是解决战争期间学生人数减少所导致的学费收入减少、建筑物和设备维修与添置受到忽视以及第一

---

① 里德-西蒙斯.欧洲大学史(第 1 卷):中世纪大学[M]. 张斌贤,程玉红,和震等,译.保定:河北大学出版社,2007.

次世界大战后大批军人重返校园继续学业所造成的学生人数膨胀等问题。从另一个角度讲,这也正是国家重视高校的办学效率,从而增加教育经费投入的一种努力。

第二次世界大战结束之后,美国进入高等教育的"黄金时代"。《军人权利法案》的出台,使得进入美国高校的退伍军人倍增,1945—1956 年,进入高校的退伍军人达到 223 万人。高等教育已经明显成为实现国家目标的工具,国家以资助学生的方式介入高等教育,高校也为了适应退伍军人的需要进行了许多政策与服务方面的尝试。20 世纪五六十年代,美国一系列重要教育法案的通过,使高等教育成为政府资助和优先发展的重点。随着来自各种渠道的高等教育投资增加,高校在校生激增,美国高等教育面临着从精英化向大众化转变的诸多问题,这些问题涉及财政、教育质量、行政管理等方面。这一时期,高校与社会的关系更加亲密,高等教育的基本目标和职能有了新发展,高校的教学、科研、社会服务三大职能有了新的拓展。高校向社会提供成人教育、继续教育等,从政府获得科研经费,更加依赖并服务于政府,同时与企业也加强了联系。这些变化使高校办学效率的内涵进一步丰富。

20 世纪八九十年代,欧美高等教育陆续由大众化进入普及化阶段,高等教育的规模急剧扩张,与之相伴的就是教育资源的短缺和高等教育质量的滑坡。这些问题促使国家和高校为了提高高等教育质量制定了各种政策措施,而将高校办学效率作为衡量教育质量的重要指标,也引起了广泛关注。80 年代后期,美国针对高校教学成果与学生学习效果的绩效指标评估得到推广,并以评估结果为依据调整对高校的拨款政策。"问责制"与"绩效评估"成为高校管理的工作重心。

萌芽于 20 世纪 20 年代至 50 年代的教育经济学,为评价高校办学效率提供了理论依据。苏联学者斯特鲁米林于 1924 年所写的学术论文《国民教育的经济意义》,是世界上最早用数量统计的方法专门阐述教育的经济意义的论文,是教育经济学的起点。1935 年美国哈佛大学教授沃尔什在其文章《人力资本观》中,采用直折算法更加细致地表述出高校教育具有的资本特征。1962 年英国经济学家韦锥的著作《教育经济学》出版,这标志着教育经济学初步形成。美国学者舒尔茨在其《由教育形成的资本》《人力资本投资》《教育与经济增长》等著作中,提出要重视人力资本投资,教育是人力资本投资的重要源泉,在一定条件下,教育投资可以转化为经济收入,并设计了教育收益率等计算教育经济效率的分析方法。20世纪初,美国的巴格利在《教育管理》中指出,教育管理是一个经济问题,投在学校的资源应获得有效的回报。1966年,美国社会学家詹姆斯·科尔曼在《关于教育机会均等》的报告中提出"教育效率"一词,此后有关教育资源的有效利用问题受到了教育界的广泛关注。

在我国,自1999年大规模扩招以来,高等教育办学资源骤然紧张,有的高校师生比达到1∶30以上,普遍实行了大班制教学,仪器设备、教室、图书资料等教学资源难以满足教学质量的要求。与此同时,有限的教育经费使各高校陷入财政危机。在此形势下,高校迫切需要提高办学效率,使教育资源得到最大化利用。对办学效率的追求也使得高校内部管理机制改革得以推行,高校行政组织机构的设置、人员的安排发生了变化。比如在某些高校实行的大部制改革,便是为了提高高校办学效率而对高校行政组织机构进行的改革。

第二节　高校办学效率与高校行政组织机构

高校行政组织机构本是为了解决高校办学效率问题而设置的,但在高校发展的很长一段时期内,高校实行精英教育,在校生规模数量较少,高校与社会保持着一定的距离,高校只需要一部分校产再加上学生的学费和社会捐赠即可维持运转,高校本身对办学效率没有太多要求。高校发展成复杂、多元、多目标组织后,开始对办学效率予以关注。"大学属性的增加,大学大规模教学、科学研究和社会服务的产生,使大学成为'资源消耗型组织',大学面临经费短缺的困境。尤其是高等教育步入大众化时代后,国家有限的教育资源更加稀缺,大学的办学效率问题更加凸显[①]。"高校只有更好地利用有限的人力、财力、物力资源,才能在经费不足的情况下有效地提高办学质量。高校行政组织机构必须与提高高校办学效率的要求相适应,

---

① 周文彰. 行政文化研究 2[M]. 北京:国家行政学院出版社,2014.

并做出相应调整。

现代化高校的办学理念强调对办学效率的追求,效率目标的选择促进了高校行政组织机构的功能完善和组织变革。高校办学效率的追求对高校行政组织机构的影响主要体现在以下几个方面。

一、促进高校行政组织机构向扁平化、个性化方向发展

高校对办学效率的追求将促使高校行政组织机构不断完善。为适应现代化高校管理体制的要求,高校行政组织机构必将进行组织体系的纵向层级、组织内部横向的分工、职责等组织要素的重新组合。高效率的扁平化事业部制组织形式和具有更高适应性的个性化柔性组织形式,将取代传统的组织形式。

二、促进高校行政组织管理的专业化和学术的精细化

高校属性的不同以及组织内职能的差异需要对组织成员实施劳动分工,两者之间的不和谐极大地限制了高校行政组织机构的效率。以高校办学效率为导向的现代大学制度强调张扬组织成员的个性,并从劳动分工这一层面进行优化。效率目标选择最终将按照人的个性特征来科学分工,逐步实现管理的专业化与学术的精细化。

三、促进高校行政组织机构内部要素的有效整合

信息时代的高校办学效率最终取决于高校内部各要素的整合程度和获取外部资源的能力。高校传统的组织形式难以适应社会环境变化的需要。高校办学效率的追求将促使高校行政组织机构内部要素的有效整合,促进高校内部资源的协调运行,为形成一个科学、高效的协调机制提供条件。伴随着高校规模的扩张和管理人员的增加,柔性的、协调的运作机制将更有利于高校行政组织内部关系的融合。

第三节　高校行政管理改革的方向

在高等教育改革的背景下,为了进一步促进高校科学发展,针对高校行政管理工作,从宏观角度提出以下建议。

一、围绕高校核心竞争力，建立战略管理体系

基于战略发展，高校都在努力构建核心竞争力。在构建核心竞争力的战略中，必须考虑到执行层面的问题，即解决"能够做什么""应该做什么"的问题，使学校在科学发展的过程中有能力、更科学地执行其战略，要从管理的制度上、机制上解决各种问题。

建立战略管理体系，是提升核心竞争力的基本条件。高校的战略管理能力是培育高校核心竞争力的基础。只有建立一个完备、科学的战略管理体系，高校才能为培育核心竞争力提供基础条件。高校建立的战略管理体系应该包括以下内容：建立和保持独特的核心办学理念，凸显自己的特色和优势，制定发展战略，确立战略意图和明确目标，对高校发展战略进行有效的实施、控制、修正和管理①。

（一）管理机制的改革与创新，是高校核心竞争力的战略要素

支撑核心竞争力发展的高校管理机制，能够使师生员工具有向着高校所期望的方向转化的力量。这种力量主要包括：①以核心价值观为内涵、以绩效为特征的内动力，它是高校发展的牵引力；②建立对全体员工的激励与约束体系，它是高校发展的推动力；③与世界先进高校接轨的科学规范的内部管理体系，它是学校实现科学发展的外在再生力。围绕这三种力量进行管理机制的改革与创新，是高校实现科学管理的重要途径。

（二）管理机制与管理理念相结合，是提升核心竞争力的重要条件

核心竞争力强的高校都具有传统的优势学科。高校在关注新兴学科的同时，一定要保持传统的优势学科，保持高校持续生存发展独有的、其他高校难以模仿的特色。注重"专而精"的特色发展战略，应是处于成长中的高校培育核心竞争力的基本战略选择。另外，在其基础上，积极探索实现管理理念与管理机制的有机结合，进行学科开拓和专业创新，以成为某一学科、专业领域的先入者为奋斗目标，形成"先发制人"的优势，加强和巩固

---

① 徐金强. 从行政组织到经济组织高校后勤改革的"浙大模式"探究[M]. 杭州：浙江高校出版社，2014.

核心竞争力。

二、敢于运用经营理念和营销思想

在高校管理中,应运用经营理念和营销思想,发布公众信任的信息,树立公众信任的形象,使高校不断扩大高等教育"市场"的份额。国外的办学经验告诉我们,把营销思想和技术应用于高校管理,实施营销战略,具有前瞻性。

在教育领域,形象管理也应该成为高校管理者关注的重点,它对于高校的发展具有战略意义。在高校建设领域(如优质的教学、有效的课程计划、稳固的纪录、专业的设计、毕业生的就业率)的成果会带来地方政府的支持,获得公众的信赖,并以此获得更多的资源去解决高校建设中的问题,使高校获得品牌效应①。通过营销策划,高校可以扩大公众影响力,加强与政府、社会的联系,吸引"客户",提升市场地位,做强、做优高校。

三、建立适合中国当前高校发展的现代科层制度

在快速发展的今天,高校必须要吸收、借鉴一切合理的科学管理理论,创建符合中国国情的现代科层制度,实现高校的有序发展。

现代科层制度,必须严明规章制度,重视规章制度的可操作性,严格按章办事,消除思想和行为上的模糊性,减少甚至杜绝传统的"擦边球"思想和行为。同时,现代科层制度要建立学习制度,学习内容应该凸显职业道德,要把制度的非人格化变为管理人员实现自我价值的自觉行动。

---

① 徐金强. 从行政组织到经济组织高校后勤改革的"浙大模式"探究[M]. 杭州:浙江大学出版社,2014.

第三章 高等教育管理体制与高校行政组织机构改革

高校行政组织机构既是高校作为一个特殊的组织自身成长的外在表现，也是自身在与外部环境相互作用过程中自我调适的结果，即外部环境因素影响的结果。在影响我国高校行政组织机构发展的外部因素中，体制因素是一个主要影响因素。对于其自身因素来说，内部运行与管理机制也从根本上影响着高校行政组织机构的设置。而组织内部管理机制往往受制于外部宏观体制，可以说，作为正式组织，高校的内外部制度体系是同构甚至同质的。从根本上说，高校行政组织机构的设置是外部和内部高等教育管理体制的具体表现，组织机构的优化需要创设一个适宜的、尊重高校本质属性的内、外部制度环境。

第一节 高等教育管理体制的内涵

高等教育管理体制有狭义和广义之分。狭义的高等教育管理体制是指一个国家的高等教育行政组织系统，既包括系统中各要素（中央、地方教育主管部门及高校等）的构成、职能划分、隶属关系等静态内容，也包括各要素间相互协作的动态内容。它是在一定的政治、经济、文化环境中，遵循一定的发展规律和运行机制逐步形成的，一旦形成，既受政治、经济和文化等因素的影响，又反作用于政治、经济和文化等因素。我国的高等教育管理体制体现了中央、地方教育主管部门之间以及以上两者与高校之间的权责划分、隶属关系和三者之间的运行机制。总的来说，狭义的高等教育管理体制在很大程度上是指高等教育或高校与其主管行政部门间关系的总和，实质上反映的就是通常语境中的"政府与高校间的关系"。一般而言，此处狭义的高等教育管理体制并不包含高校内部的管理制度。

广义的高等教育管理体制突破了单纯的行政组织与管理的范畴,在"大范围的教育管理系统"内,高等教育系统与经济系统、政治系统是同位概念,其信息发出与接受主体包括作为一个社会部门存在的专门教育管理机构、教育系统和社会三方,其间的信息流路线更加复杂。在此背景下,高等教育管理体制是指高等教育系统的利益相关者(包括各级教育行政部门,社会组织如企业、高校师生员工等)共同参与高等教育系统的监督、管理,即高等教育治理。治理理念源自新公共管理理论,强调管理的主体由一元转向多元,或者说,在治理模式下,不再具有一个绝对的权力核心,权力实施的主体是多元的,民主协商和多元共治成为共同治理模式的主旨。高等教育管理体制由长期以来的以行政权力为基础的一元式管控走向利益相关者多元共同治理模式,意味着高校将接受政府、市场、第三部门以及受教育者、纳税人的共同监督。高等教育治理是我国高等教育管理体制改革的重要方向。也就是说,广义的高等教育管理体制是一个包含了管理主体趋向多元化、高等教育管理逐渐向治理转变的概念。因此,治理理念下的高等教育管理体制是一个典型的历史性概念,反映了高等教育管理思想和实践不断探索、发展的过程。当下,我们谈高等教育治理体系和治理能力的现代化,就包含了这个含义。这意味着,当我们谈及当代高等教育管理体制时,不仅仅要考虑高等教育与其主管行政部门间的关系,而且必须思考更多的高校利益相关主体之间的复杂关系。此处,广义的高等教育管理体制不仅从外部角度对政府与高校间的关系做出安排,还要对高校内部的运行机制做出安排。

高等教育管理体制从严格的意义上说,具有不同层次:①宏观的高等教育管理体制主要是指整个高等教育系统与其外部管理主体(政府、市场、第三部门等,它们不属于高等教育的内部或自在要素)之间的权力和责任关系。例如,国家或政府确立的全国性高等教育管理政策就属于宏观的;行业协会制定的行业准入资格标准会对高校的人才培养形成客观上的导向,有时协会甚至直接参与高校人才培养模式改革,参与课程与教学标准制定等,这实质上就属于宏观的高等教育管理。②中观的高等教育管理体制主要是指省、直辖市及自治区等地区内部的高等教育管理。例如,地方政府制定的普通本科高校管理条例及确立的各种规章制度。除此之外,中观层次的高等教育管理体制还涉及高等教育系统内部形成的竞争与合作规则体系,如在我国自主招生过程中联考高校同盟间确立的关系系统、高教学会等专业学会对高校科研的导向和规范等都属于中观性的管理体制。③微观的高等教育管理体制主要是指高校内部不同权力主体间的权力与责任关系。例如,党委领导与校长负责间的关系及其制度安排、行政权力与学术权力间的关系及其制度安排、校院两级管理体制等等。

　　本书从实际需要出发,将高等教育管理体制分为宏观、微观两个部分。宏观的高等教育管理体制是指高校与其外部利益相关主体间的关系及其制度安排,包括政府或教育主管行政部门、社会组织或团体、产业或行业组织同高校间的管理、监督、服务、合作、竞争等复杂关系及在此过程中形成的制度体系。微观的高等教育管理体制即高校内部管理体制。高校内部管理体制是指高校内部各要素的构成、职能、运行及其相互关系,具体表现为高校内部各权力主体(包括权力机构、岗位、责任人等)的权力、责任及其权力运行、责任履行方式和不同主体间的责权利关系。一般来讲,高校内部的主要权力形态包括政治权力、行政权力、学术权力和民主权力等。政治权力主要是党委的权力,是党或国家治理基层组织的权力延伸,党委代表上一级党组织与政府对高校实施思想与组织上的领导;行政权力主要是以校长为首的校内行政系统的权力,在高校内部负有规划设计、配置资源、服务管理、支持协调等权力和职责,学界普遍认为行政权力与学术权力是高校中的两种基本权力形态;学术权力主要是指从事教学和研究的教师或研究者、以学习为主要责任的学生的学习权及其相关权利束,也包括各种学术组织主导、管理学术和参与学校事务管理的权力,学术权力被普遍认为是高校构建权力体系的基础;民主权力主要是以教职工代表大会为核心的、代表最广大的教职员核心利益的组织的权力,也包括非正式组织及作为个体的各权力主体基于自身和组织利益而参与监督、管理的权力等。高校内部管理体制就是这些权力主体的权力配置原则、运行方式、保障机制等。

　　高校行政组织机构是构成学校运行机制、具有一定结构关系、发挥一定功能作用的组织实体,它是组织形态的存在方式和组织结构的具体表现。高校行政组织机构是高等教育管理体制的载体,机构设置是管理体制的重要内容。一定的管理体制制约着机构的设置原则,决定着机构的设置方法,同时,一定的机构设置又直接影响着管理体制作用的发挥。因此,科学设置机构是建立、发展和完善管理体制的重要内容。这意味着,当前我国高等教育管理体制的改革决定了高校行政组织机构必然会发生相应变化,而高校行政组织机构调整又会促进高等教育管理体制发生变革。考察两者之间的关系,有助于加快我国现代大学制度建设的进程,提高高校内部行政组织机构设置和调整的科学化水平。

第二节　高校内部管理体制及其对高校行政组织机构的影响

高校内部管理体制同样处在持续的变化之中,这反映了宏观体制对微观体制的影响。我国高等教育管理体制的持续改革和发展决定着我国高校内部管理体制的变革与演变。

一、新中国成立以来我国高校内部管理体制的变革

在诸多外部因素的影响下,我国高校内部管理体制经历了诸多变革。新中国成立之前,高校内部管理体制的变化尤为深刻地体现出国家政治体制的影响,而在社会主义制度下,高校内部管理体制改革则反映了高等教育宏观体制更加深刻的变化。我们主要对新中国成立后高校内部管理体制的变革进行梳理。新中国成立70多年来,我国高校内部管理体制改革和发展大致可分为四个阶段。

(一)初步探索与曲折发展阶段(1949—1977年)

1949年,新中国成立,党和国家开始全面规划和建设高等教育事业。1950年,教育部颁布《高等学校暂行规程》和《专科学校暂行规程》(简称《规程》),明确规定高等学校的内部管理体制,指出高等学校实行校长负责制,在校长领导下设立校务委员会。高等学校实行校长负责制与我国建设社会主义事业借鉴苏联经验有极大的关系,当时苏联高校实行的是行政首长"一长制"。

中共中央、国务院在 1958 年 9 月出台了《关于教育工作的指示》，指出："一切教育行政机关和一切学校，应该受党委的领导。在一切高等学校中，应当实行学校党委领导下的校务委员会负责制；'一长制'容易脱离党委领导，所以是不妥当的。"1961 年 9 月，教育部颁布《教育部直属高等学校暂行工作条例（草案）》（简称《高教六十条》），对我国高校内部管理体制重新做了界定，其中第五十一条明确规定："高等学校的领导制度是党委领导下的以校长为首的校务委员会负责制，"第五十四条规定："高等学校的党委员会，是中国共产党在高等学校的基层组织，是学校工作的领导核心，对学校工作实行统一领导。高等学校中，党的领导权力应该集中在学校党委员会一级，不应该分散。"《高教六十条》实施时间不长，但是它对我国高校内部管理体制改革的影响是深远的，基本上确立了党的基层组织对高等学校的领导地位，为我国现今的高等学校内部管理体制打下了坚实基础。

（二）全面恢复与探索阶段（1978—1991 年）

1978 年党的十一届三中全会之后，全国教育秩序在改革中逐步得到发展。1978 年教育部颁布的《全国重点高等学校暂行工作条例（试行草案）》（简称《条例》），指出"高等学校的领导体制是党委领导下的校长分工负责制"，取消校务委员会，设立学术委员会。这就重新明确了高等学校的领导体制，改变了高等学校内部管理的混乱局面。《条例》实际上是对《高教六十条》的重新修订，取消了校务委员会的实质性权力，加强了党委的领导。但值得指出的是，《条例》关于校长的分工职责并没有明确界定，同时党委与校长之间的职责划分也缺乏清晰度，而这对矛盾直至现在仍存在于我国高校内部，成为高校权力格局相对不清的重要方面。但从整体上，我国高校内部管理体制得以恢复。

1985 年，中共中央召开改革开放后的第一次全国教育工作会议，颁布了《中共中央关于教育体制改革的决定》（简称《决定》），对高校内部管理体制做了具体规定，"学校要逐步实行校长负责制，有条件的学校要设立由校长主持的、人数不多的、有威信的校务委员会，作为审议机构；要建立和健全以教师为主体的教职工代表大会制度，加强民主管理和民主监督；学校中的党组织要从过去那种包揽一切的状态中解脱出来，把自己的精力集中到加强党的建设和加强思想政治工作中来"。《决定》颁布后,100多所高等学校先后进行内部管理体制改革,实行校长负责制的试点工作。《决定》的颁布和实施,标志着我国高校内部管理体制改革进入全面探索时期。1988年原国家教委发布《关于高等学校逐步实行校长负责制的意见》,指出"高等学校必须按照党政分开的原则,逐步实行校长负责制"。

20世纪80年代中后期,党和国家重新做出决定,规定高等学校一律实行党委领导下的校长负责制,加强党委对学校工作的领导。这样,校长负责制实际上并未真正贯彻,在当时的政治和社会环境下,党委领导再次成为维护教育秩序的根本性保证。

（三）全面推进与进一步完善阶段（1992—2009年）

1992年,党的十四大明确提出了建立社会主义市场经济体制。为了适应这一改革目标,1993年中共中央印发了《中国教育改革和发展纲要》,随后又召开了改革开放以来第二次全国教育工作会议,高等学校内部管理体制改革全面推进。这一阶段高校内部管理体制即党委领导下的校长负责制以法律的形式得以确认,同时高校的人事、分配制度改革也相继展开。

1998年8月,《中华人民共和国高等教育法》(简称《高等教育法》)颁布,标志着我国高等教育进入了一个崭新的发展阶段。《高等教育法》规定,"国家举办的高等学校实行中国共产党高等学校基层委员会领导下的校长负责制。中国共产党高等学校基层委员会按照中国共产党章程和有关规定,统一领导学校工作,支持校长独立负责地行使职权"。"高等学校的校长全面负责本校的教学、科学研究和其他行政管理工作。"根据《高等教育法》的有关规定,高等学校要设立学术委员会、教职工代表大会,实行民主管理。《高等教育法》以法律的形式明确了高校内部管理体制即"党委领导下的校长负责制",并对学校党委和校长的职权做出了科学界定,为高校内部管理体制改革不断走向规范化和科学化提供了坚实的法律基础。

在人事制度改革等方面,1992年2月,原国家教委决定在其直属的36所高校开展内部管理体制改革试点,8月印发的《关于国家教委直属高校内部管理体制改革的若干意见》指出,校内管理体制改革是人事、分配、住房、医疗、退休保险制度诸方面改革相互制约、相互启动的系统工程。次年,中共中央国务院印发了《中国教育改革和发展纲要》,提出积极推进以人事制度和分配制度改革为重点的学校内部管理体制改革,核心在于运用正确的政策导向、思想教育和物质激励手段,打破"平均主义",调动广大教职工的积极性,转换学校内部运行机制,提高办学水平和效益。2000 年 6月,中共中央组织部、人事部、教育部印发了《关于深化高等学校人事制度改革的实施意见》,提出要建立起适应社会主义市场经济体制和符合高等教育发展规律的高等学校人事管理制度,体现了高等学校人事和分配制度的改革仍是目前一段时期内高等学校内部管理改革的重点。

(四)改革深化和局部突破阶段(2010 年至今)

2010 年《国家中长期教育改革与发展规划纲要(2010—2020 年)》(简称《纲要》)明确提出,要建立中国特色社会主义制度,完善大学治理结构,强调公办高等学校要坚持党委领导下的校长负责制。党委领导与校长负责作为公立高校内部管理体制基本原则的地位进一步得到巩固和强化。但是,《纲要》对于党委与校长之间的权责关系仍缺乏清晰的界定和划分,公立高校政治权力和行政权力间关系的协调仍是建立中国现代高校制度、完善治理结构的主要任务之一。《纲要》还指出,大学内部要健全议事规则和决策程序,党委和校长治权必须依法落实,这样就为高校内部主要权力的运行走向科学化和民主化提出了要求,实际上为学术权力和民主权力参与学校管理提供了政策支持。学术权力是大学的本体性权力,这是由大学作为学术组织的本质属性所决定的,因此学术权力不仅要主导学术及其管理过程,还要具有充分地参与治校的权力。正如《纲要》提出的,应充分发挥学术委员会在学科建设、学术评价、学术发展中的重要作用;探索教授治学的有效途径,充分发挥教授在教学、学术研究和学校管理中的作用。大学的学术属性同时决定了大学是一个要求具备高度民主化的组织,因此《纲要》指出,大学要加强教职工代表大会、学生代表大会,发挥群众团体的作用;强调建立学生代表大会、发挥学生组织在大学治理结构优化过程中的作用,符合大学同时作为一个教育组织对教学主体权利的重视,从理想的角度而言,学生的学习权、民主管理权力,是大学权力体系中的重要组成。为了扩大大学的办学自主权,同时,加强大学内部管理的规范化,《纲要》强调加强大学章程建设,要求各类大学应依法制定章程,依照章程规定管理学校。

随着高等教育内涵建设、世界一流大学建设步伐的加快,高校治理体系和治理能力现代化成为当前高校制度改革的重中之重。2013年《教育法律一揽子修订方案征求意见稿》中关于学术委员会"审议、决定有关学术发展、学术评价、学术规范的事项,处理学术纠纷"的权力以及2014年《普通高等学校理事会规程》《高等学校学术委员会规程》《关于坚持和完善党委领导下的校长负责制的实施意见》等一系列政策法令相继出台,就高校建立理事会、强化高校学术委员会权力和理顺党委领导与校长负责间的关系等核心关键问题做出制度安排,为我国高等教育体制机制改革和现代高校制度建设提供了精神和实践指导。在此背景下,高校制度改革的力度不断加大,《高等教育法》及《纲要》等法律法规、政策方针的基本精神不断得到践行。总体来讲,近几年我国高校内部管理体制在大的体制改革环境下朝着一个合乎高校办学规律而又具备中国特色的方向发展。

二、高校内部管理体制对高校行政组织机构的影响

相对于宏观因素,高校内部管理体制对高校行政组织机构的影响更加直接。高校内部管理体制主要是不同权力间关系的反映,涉及多个层面、角度,其中党委领导下的校长负责制是高校内部管理体制的一个重要构成部分,这一制度是宏观高等教育管理体制乃至整个国家教育体制在高校内部管理制度体系中最直接的反映。事实上,通过研究我国高校实施的党委领导下的校长负责制的演变过程,我们可以较为清晰地看到高校内部管理体制对高校行政组织机构的影响。

1950年6月,第一次全国高等教育会议通过的《高等学校暂行规程》,规定我国大学和专业学院均实行校长负责制。1958年为了加强党委在学校的领导作用,同时避免校长在高校内部的独断专行,在全国所有高校中实行党委领导下的校务委员会制。根据这一规定,全国高校纷纷建立了党委和校务委员会,但由于当时的政治和社会因素,校务委员会并没有实质的权力。除了较短时间内学校领导体制淡化党委领导外,党委自此成为我国公立高校基本的、核心的领导机构或最高权力机构。1961年中共中央批准试行《高教六十条》,并规定"高校实行党委领导下的以校长为首的校务委员会负责

制,校长和校务委员会在校党委领导下开展工作",“学校工作中的重大问题,由校长提交校务委员会讨论决定,由校长负责组织执行”。这样,一方面党委在高校中的政治核心地位进一步巩固和强化,另一方面校务委员会开始成为掌握实质权力的校级行政机构。但学校党委与校务委员会在权限上存在模糊不清甚至矛盾冲突的弊端。为了协调党委与校务委员会之间的关系,1978 年 10 月《条例》颁布后,高等学校内部实行"党委领导下的校长分工负责制",校务委员会随之撤销。校长分工负责,统一领导不足,形成了学校多头管理的局面,一定程度上致使学校权力秩序发生混乱。1980 年 12 月中共中央组织部、教育部颁发了《关于加强高等学校领导班子建设的意见》,各高校普遍开展了内部领导体制改革的探索与实践,逐步实行校长负责制;同时,为了改变党政不分、以党代政的倾向以及各部门责权利不清的状况,有条件的学校设立了校务委员会作为审议机构。1990 年中央召开第一次全国高校党建会议后下发《关于加强高等学校的党的建设的通知》,确定高校实行党委领导下的校长负责制并开始实施。此后,这一体制不断得到健全和完善。1996 年中央颁发我党历史上第一个高校党的建设法规性文件《中国共产党普通高等学校基层组织工作条例》,明确规定高等学校实行党委领导下的校长负责制。1999 年 1 月开始实行的《高等教育法》,将党委领导下的校长负责制以国家法律的形式固定下来。至此,党委领导下的校长负责制,在理论、制度以及实践层面上已基本形成。这也意味着党委领导下的校长负责制作为我国高校内部管理的一种领导体制模式得以固定,我国高校内部的行政组织机构的设置、调整也要以该领导机制为基本依据,因此才形成了长期以来高校内部党政群等不同序列的行政管理组织、服务组织。例如,党委作为高校思想、政治和组织工作的领导机构,要设置宣传部门,占领高校思想意识的主阵地;要设置组织部门,抓好人才和干部队伍建设;要设置纪委监察部门,确保高校干部队伍、人才队伍的纯洁性。而校长负责的行政权力要得到有序、有效实施,就必须设置权力执行机构,即各职能处室。

随后,高校逐渐建立起了教职工代表大会、学生代表大会等民主组织。教职工代表大会或教代会,是教职工依法参与学校民主管理和监督的基本形式,是高校民主权利的集中代表,在高校权力体系中占有不可或缺的地位,在校务决策与管理中行使重要的审议甚至决定作用。学生代表大会是学生依法参与学校民主管理和监督的重要机构,在以学生为中心的办学思想日益成为高校办学基本原则的形势下,学生权利保障也显得愈加重要,学生代表大会在高校民主权利构成中的地位和作用也不断得到凸显。师生是办学之本,为了维护广大师生的权益,很多高校建立了师生权益保障机制,包括申诉机制、救济机制、纠纷解决机制等。有的学校为此专门设立了相应机构,如湖南农业大学成立教职工申诉委员会,专门负责受理教职工申诉;华南师范大学也成立了教职工申诉处理委员会,并制定了《华南师范大学教职工申诉处理暂行办法》;此外,中国地质大学、中南民族大学也都成立了教师申诉工作委员会或类似机构,保障了教师合法权益,彰显了高校以师为本的办学理念。

随着民主权利在高校内部权力体系中的重要性及其实施空间不断扩大(这实质上体现的是高校内部管理体制的变化),尤其是学生地位不断彰显以及协调各职能部门间的关系、提高职能部门工作效率的需要,有的高校在行政机构设置上进行了探索。例如,按传统的管理机制,高校内部不同职能部门之间存在一定程度的"条块分割"或部门"壁垒",政出多头、官僚主义等现象让师生无所适从,这实际上颠倒了教育与管理、服务间的关系,必须做出调整。对于此,青岛大学、济南大学等高校建立了学生事务服务中心,较好地解决了这一问题。济南大学的网站公告上显示:"学生工作部(处)、安全管理处、计划财务处、后勤与产业管理处、校团委、信息网络中心6个部门在学生事务服务中心为学生提供生涯和心理发展指导、学生管理、学生资助、安全事务、户籍管理、国防教育、财务事务、后勤综合服务、共青团事务、校园卡服务等10个方面50余项服务。同时,学生工作部(处)在学生事务服务中心设立了学生失物招领服务点,学生事务服务中心还将开通网上办事业务,为学生提供相关事务信息查询、网上咨询答疑,力求通过线上线下一体化服务,为学生提供更加全面、周到和细致的服务。"该学生事务服务中心以"关注学生成长、服务学生发展"为工作宗旨,坚持"规范、快捷、高效"的办事原则,整合学校多个服务学生部门的职责和功能,精简办事环节,提高办事效率,集中为全校学生提供服务,努力构建融教育、管理、服务于一体的学生工作新平台,力求通过规范管理、热情服务,将学生事务中心建设成为教育的阵地、咨询的窗口、传递爱心、真诚服务的平台,有助于不断提高学生工作科学化水平。而早在 2011 年 3 月 1 日厦门大学就启用了学生事务办理大厅,为学生办理各种审批手续、事务咨询等提供服务。厦门大学嘉庚学院也于 2013 年 3 月成立了学生事务办理大厅,开展的业务包括学生证、户籍、医疗保险、各类证明、学生活动审批、志愿者服务工时申报认证和学工部固定资产借用等。学生事务中心(大厅)的成立,不是一个机构的简单设置,反映的是高校办学思想、管理及服务机制的变化,也反映了外部环境中体制机制改革包括高等教育行政体制改革的重要动向,是高校建立服务型行政的重要步骤,是建立现代大学制度的一种有意义的试验。换言之,高校内部管理体制的变化,直接促成了新的管理服务机构的设立。

高校管理核心体制如党委领导制度属于我国社会主义体制的基本要素,必须要始终不渝地坚持,而坚持这些基本制度,则意味着高校内部行政组织机构的设置必须遵循一定的原则,即组织机构的改革、结构的调整优化不是要打破一切,而是要批判性地建构。

通过梳理和探索制度变化条件下高校行政组织机构的设置状况可以发现,高等教育管理体制的变化决定着高校行政组织机构的变化。我国强调党对高等教育的根本领导地位,这决定了我国高校管理机构中党委的核心地位和不可或缺性。随着我国高等教育管理体制走向科学化、法治化和规范化,我国高校行政组织机构也将发生新的变化,而理想的变化方向就是行政组织机构数量将逐步减少;在行政组织机构与党群机构之间,各自的管理职责将进一步明晰,党群机构数量将有所精简,行政组织机构向服务型转变。从广义的高等教育管理体制的角度来说,高校行政组织机构体现出社会化特征,在运行上体现出市场化、专业化特征,这也是高等教育管理体制变化对高校行政组织机构产生的影响。

第三节 我国高校行政组织机构改革的路径

组织结构设计理论认为,组织结构设计的最终目的是看其是否合理有效。一般从权力与冲突、组织的决策过程、组织的沟通过程、组织的领导过程等几个方面来检验。若高校行政组织机构出现的问题,则不仅是高校行政组织机构自身的问题,更是其影响因素作用偏离所致。高校行政组织机构改革是一个系统工程,必须从高校内部与外部两个视角去设计,既需要理念上的创新,也需要内部结构的调整,还需要运行模式的再造。

一、办学效率追求导向下的高校行政组织机构结构优化

机构改革是我国政府实施改革的重点,而扁平化理论在政府机构改革中有着重要的理论指导意义,同样,该理论对于高校行政组织机构改革也有着一定的启示。科层制组织结构是我国高校行政组织机构的主要形式,虽然科层制是一种效率较高的组织形式,但它与高校之间存在着一系列冲突。例如,高校多元模糊的组织目标与科层制对组织目标的精确要求之间的冲突,高校底重的组织结构和权力分散同科层制严格的权力等级和集权统一之间的冲突。高校充分尊重人的价值,而科层制则强调纯技术和工具理性,"使人沦为庞大的科层制机器中附属而又不可缺少的零件"。针对科层制的种种弊端和高校对办学效率的目标追求,有必要对高校行政组织机构进行扁平化结构调整。扁平化理论实际上是在批判科层制的基础上发展起来的,它强调扩大管理幅度,实施分权管理,减少中间管理层次,促进信息有效流通①。借鉴该理论实施高校行政组织机构改革,有助于使现代大学更好地适应环境变化,充分发挥组织效能,提高高校办学效率。

(一)构建行政组织和学术组织纵横交错的组织结构

现代大学规模日益扩大,其组织活动既包括程序性的也包括非程序性的。程序性的组织活动具有常规性、刚性的特征,这与科层制结构的特点相吻合。对于程序性的组织活动,高校行政组织利用行政权力进行管理,可以提高这类活动的管理效率。同时,由于高校的本质属性为学术性,而与学术性的组织特性相适应的为柔性化、既松散又联合的组织结构,这显然是机械化的科层制结构无法满足的。目前高校优化组织绩效的途径之一是根据组织活动的特性进行分类,构建行政组织和学术组织纵横交错的组织结构模式,形成两者相互独立又相互协作的局面。而这种组织结构的形成需要逐步缩小行政权力的控制范围,扩大高校学术自主的空间。因

---

① 郭大成. 高校领导体制的研究与探索[M]. 北京:北京理工大学出版社,2014.

此,高校行政组织结构改革的总体思路是在保留科层制组织结构的基础上,尝试进行扁平化组织结构改革,使两者互为补充、相辅相成。可以借鉴计算机科学中的"超文本"结构,将高校的基本结构设计为业务系统(行政组织)、学科组织(学术组织)和沟通平台(行政组织与学术组织的衔接)三个层面。

(1)业务系统源于科层制结构建立的层级行政组织,为了提高高校组织结构的柔性与环境适应性,应减少不必要的管理层级,保证信息传递的畅通与快速,使得指挥链最短,并且始终以为高校的治学与科研基本活动提供最优质的服务为核心目标。业务系统所处理的主要是非学术性的、程序性的事务,它是稳定高校组织秩序的有力保障,是高校进行治学与科研活动的客观坚实基础。业务系统所发挥的主要职能是高校的事务管理职能,主要负责审批学校的大政方针和战略规划,确保学校的财源及资产管理,协调处理学校与社会各界的关系以及校内各方面人员之间的关系,而对学术管理、具体的教学工作则很少介入。

(2)学科组织是源于高校学术性而建立的扁平化组织结构的主体,处理的是高校中的学术性和非程序性事务。扁平化的学科组织结构是由相应的学术管理职能部门和团队组织交叉构成的矩阵结构。学术管理职能部门主要负责确定校历,决定课程计划,确定招生录取标准和学位标准,确定有关教师聘任与晋升的人事政策、学生管理工作,以及制定规范教学与科研一切活动的规章制度等。而一个个动态的知识团队主要负责具体的教学和科研活动,享有充分的自由和自治权限,使高校的学术性得以充分体现。这种团队组织可以采用项目小组、原子式组织、虚拟组织等形式,也可以是部门内部的、跨部门的或者是特殊任务的团队组织形式。团队组织更加强调灵活性、多面性,要与变化、革新相适应,主要吸取具有不同学科背景的成员形成治学与科研团队,使得不同知识门类的多学科成员之间能够有效沟通和合作,尽量减少人为的学术分割,弱化学科之间的严格界限。

(3)沟通平台的设立适用于处理既无法归入业务系统又不能归入学科组织的介于程序性和非程序性之间的事务,同时,它还是业务系统和学科组织之间沟通的桥梁。

业务系统和学科组织既相互独立又相互协作,业务系统和学科组织之间的职责范围是相互独立的,可以沟通交流但不能互相干涉。同时,业务系统始终以为学科组织提供资源保障和优质的服务为宗旨,是随着学科组织活动的变化而不断发展的。业务系统的活动受制于学科组织的要求,学科组织的活动是以业务系统所提供的资源保障为基础的,没有业务系统提供的客观基础,学科组织的任何活动都将显得无能为力。

(二)减少管理层级,增加管理幅度,使行政权力逐步向基层流动

根据上述分析,设计出简化的高校扁平化创新组织结构图。在校一级最高管理层级下设事务管理委员会和学术管理委员会,两者相互独立、相互制约,共同服务于学校发展的最高目标。事务管理委员会直接管辖范围为各资源保障职能部门和各服务职能部门,负责统筹协调各职能部门的工作。学术管理委员会负责管辖学术管理职能部门和团队组织,二者形成纵横交错的矩阵结构。事务管理系统的管理模式基本上沿用科层制结构的直线职能制,但是其管理层级进行了缩减,与目前的管理层级相比减少了3～4个层级,其管理幅度变得更宽。学术管理系统的管理模式采用的是与扁平化组织结构相适应的事业部制,它是由纵向的学术管理职能部门和横向的团队组织交叉构成的矩阵结构,各学术管理职能部门和团队组织直接由学术管理委员会领导,并向其负责。学术管理委员会的管理幅度较宽,管理层级较少,任何一个学术管理职能部门和团队组织都可以直接与学术管理委员会进行沟通。

这样的组织结构可以为高校的学术性活动提供充分的自由空间,与教学和科研活动相关的管理主要由相应的学术管理职能部门和相应的团队组织在学术管理委员会的主导之下进行自主决策、自主管理。这种组织结构为跨学科、跨部门的合作提供了方便,有利于打破目前的学科壁垒,减少不必要的学术分割,同时为培养具有综合素质的多元化、厚基础、宽口径的人才创造条件。另外,在这种组织结构下,教师和学生的自主性得到了尊重,他们的积极性得以调动。教师和学生是构成高校基层组织的主体,这种组织结构使得行政权力逐步下放到基层组织,从而提高了高校组织结构的环境适应性。

这种扁平化的组织结构在进行放权的同时,必须制定相应的目标进行监督与考核,采用责权利相统一的目标责任制管理方法。美国管理大师彼得·德鲁克于1954年在其名著《管理实践》中最先提出了"目标管理"概念,其后又提出"目标管理和自我控制"思想。高校扁平化组织建设,必须强调目标的确立及实施,而有效的考核、激励与控制机制是实现目标管理不可或缺的管理环节。也就是说,扁平化的机构设置在强调自主空间的同时,还必须辅以合理化的干预。

在高校优化组织结构的过程中不能全盘否定科层制结构,而应在利用其正向功能的基础上,通过对组织结构进行扁平化创新来消除科层制结构的负面影响。

二、高等教育管理体制变革下的高校行政组织机构模式再造

(一)政府在高校行政组织机构改革中起着决定性作用

如前文所述,我国高校行政组织机构的设置,乃至整个高校组织机构的设置,与我国政府机构的结构具有同构性。宏观政治结构决定微观政治结构,局部的制度改革是在根本体制环境中的改革,根本的体制安排是局部制度改革的依据。这意味着,在高校行政组织机构改革中,政府作为高校的举办者和治理者必然要扮演特殊角色,即成为改革的主要组织者和推动者。政府要真正以高校的学术本位逻辑为指导来推动行政组织机构改革,需要的是政府实施善治的勇气和实践,即政府改变高校管理方式,赋予高校真正法人实体的地位,同时指导和推动高校行政组织机构的变革实践。

政府实施善治,基本前提是政府充分认识到"知识征用"的基础在于高校能够保持知识创造的活力。政府对自身与高校间的关系形成合理认知,采取符合高校要求的管理方式,体现的是政府作为改革主导者的智慧。在政府善治前提下,我国高校的法人地位才不至于仅仅停留在法律和政策文本上;而高校法人地位的真正确立,使其成为一个根据内外部需要自主办

学的实体,才有可能掌握改革的主导权并产生主动改革的意识,从而进行全新的办学实验,最终打破对传统体制机制的路径依赖。这样,高校才能真正立足于自身作为学术组织的本性和逻辑要求,着眼于高校职能发挥和价值实现的需要以及行政组织运行效率的提高,建立起学术本位的行政组织机构体系。应该说,这是一种由政府作为改革主导者、组织者来推动的改革,是一种自上而下的改革范式。

(二)高校自身在其行政组织机构改革中具有重要意义

在高校制度改革进程中,高校作为一种自下而上的变革力量不可或缺。作为改革的利益相关主体,高校应该充分发挥专业者的智慧和能量,一方面行使必需的建议权,另一方面则应依据高校的内在规律与现实需要,从自身和局部出发,通过自身的积极变化来推动政府的改革。

高校是一个具有高度自治性的组织,即高校在主导整个知识活动过程中,既作为"立法者",为自身确立组织目标与行为规则,又作为"裁决者",为自身行为做出专业的评估。同样,在高校行政组织机构改革中,高校自身的角色不可缺位。在这个过程中,高校校长的作用是很关键的。世界大学发展的历史,从某种程度上说是一批批富有创造精神和改革智慧的大学领导人领导各自大学不断变革、创造的历史。赫钦斯、艾略特、克尔、蔡元培、朱九思、刘道玉……正是他们推动了大学制度的持续变革和完善。南方科技大学要建立中国模式的现代大学制度,从艰难筹建到基本步入正轨,正是得益于朱清时等富有改革理想和执着精神的高校创业者。有学者指出,中国要建立自己的大学模式,期待出现具有真正的大学情怀、大学改革精神的大学校长。在高校行政组织机构变革中,少不了一批大学校长勇于投入改革实践。南方科技大学服务型行政机构的设置、沈阳师范大学的大部制改革,就是基层改革的生动案例,并且这种基层改革对宏观的政策设计和试点推行产生了有力的推动。只有自上而下的改革与自下而上的改革范式相互补充、相互促进,才能推动我国高校行政组织机构变革的顺利进行。

(三)高校行政组织机构的模式再造

组织采用何种运行模式,是由该组织的性质决定的。高校不同于政府,学术性是其根本属性,学术与学术权力应处于中心地位。世界一流大学的行政组织机构往往精简高效,重视学术力量,行政组织是为学术服务的;高校行政组织机构的运行通过民主决策以保证决策的科学与客观;教授治校是世界一流大学的传统,教授在学校管理事务中发挥着十分重要的作用;社会人员和力量参与学校管理是名校的惯例和传统,这种参与有利于学校管理的民主化,使学校的决策更加科学,办学效益更高。

我国高校的行政组织机构在一个相对封闭的环境中运行,与社会及其他利益相关者基本脱离,学校没有建立起利益相关者参与机制。但随着现代大学步入社会中心,高校已成为典型的利益相关者组织。高校是作为基本单位存在于社会之中的公共组织机构,具有公共组织的一般特性,在它的行政组织运行过程中,同样不可绕开公共权力的参与。1998年世界高等教育大会公报指出:"考虑到高等教育急剧的变化,其质量和相关性的提高,面临主要挑战的应对,特别是资源危机等,这一切不仅需要政府和高等教育机构的强有力的参与,而且需要所有受益者,包括学生、他们的家庭、老师、社区、专业协会和公共舆论等全力参与者。"受益者之间的联合——国家间和机构间的决策者、教学人员、研究人员、学生、工作领域社区群体等都是管理改革中的重要力量。互利、相互尊重和信任基础之上的合作伙伴关系将是高等教育不断发展的基本模式。这里所说的受益者正是高校的利益相关者。

高校的管理活动是具有权力结构的,但与企业不同,高校作为一种非营利组织,没有严格意义上的股东,每一个人或每一类人都不应对高校行使独立控制权,高校应该由利益相关者共同控制,高校的决策必须权衡和兼顾各方利益相关者的利益。为了维护各方利益相关者的利益,高校的决策必须在诸多利益相关者之间寻求一种平衡,不能仅仅强调某一方面的利益。高校行政组织机构运行模式改革问题,实质是为了回应利益多元和利益冲突要求的高校决策权结构安排问题,也需要建立一种合适的组织框架及机制,才能够使高校在利益多元和利益冲突的状况下管理好自己的事务,进而保证高校目标实现的问题。

现代大学的行政组织机构应倡导开放性和社会性,校务政务应公开化,增加透明度;应实施开门办学,将社会力量引进高校管理体制中,提高高校与社会的合作;应提高社会包括政府、家长、公众和学生对学校的认识度和参与度。高校行政组织机构公共权力分享的过程,事实上是一个分治的过程,但同时也是一个共治的过程。这个过程强调政府、高校以及社会分别以行政权力、学术权力及市场权力的形式参与高校的管理。这种管理并非传统意义上的管控,而是共同治理,强调各方的协商与沟通,强调双向的交流方式。

第四章 高校运行模式改革进程

第一节 高校决策模式改革进程

随着高校自身的发展及其与外界关系的变化,高校由主要追求学术目标,逐步转向追求多种目标。主导高校决策的权力,也由单一的学术性、学科性权力,逐步转向包括学术权力、行政权力和社会权力在内的多种权力。

布鲁贝克认为:"高等教育越卷入社会的事务中,就越有必要用政治观点来看待它。就像战争的意义太重大,不能完全交给将军们决定一样,高等教育也相当重要,不能完全留给教授们决定。"随着高校的发展,权力中心正从高校内部转到高校外部,从学术界转到公共领域,从高校历史上的特权和豁免权地位转到承担义务和责任的地位。为适应这一变化趋势,各国高校大力改革决策模式,在加强直线式决策机构与各类决策委员会协调配合的同时,根据市场的需要,进行灵活决策。

一、学院模式

中世纪大学,除少数大学由学生团体管理为主外,绝大多数大学由以教授为主体的学术人员进行管理。这种实际决策权力主要掌握在学术人员手中的决策模式,通常被称作学院模式(教授统治)或学术团体模式。在早期的巴黎大学,有关校内管理问题的全部决策几乎都是由教师做出的。学位要求、课程的设置、教师的任用,以及其他重要问题,也都由教师做出决定。这种决策模式具有两个显著特点:

一是权力在基层。伯顿·克拉克认为,大学或学院的基层是承担特定教学任务的事业单位和学科共同构成的矩阵,教授所属的学科领域是其权威的最终渊源。"教授在其所在的学科内专断甚至专制地工作,同时,他们又集合起来,平等地和部分平等地集体决定较大事项。"

二是以分权为基础。由于大学或学院中存在着许多不同的学科,而各学科领域处于"相互割裂"的状态,因此,由来自各学科领域的教授所进行的决策,必然是非集权的、松散的、软弱的。

由于高等教育的结构重在基层,它就特别依赖于在下层释放能量。学院模式有助于调动学术人员的积极性,并使学术自由得到保障。

伯顿·克拉克认为,学院模式虽然是教授管理整个系或学部、学院、研究生院和大学等组织最偏爱的方式,但是,由于需要进行长时间的讨论、协商和协调,往往难以应付环境变化对及时决策的要求,从而影响办学效率。同时,教授的个人独裁,容易产生决策上的自以为是,形成以学者自治为主要特征的"自我服务"和自我满足倾向,从而影响学校与社会的沟通,导致封闭与僵化。

20世纪50年代,在德国,教授们权力空前,对内、对外均是如此,当时的大学被称为"学者共和国",意谓正是教授的一统天下。这种以高等学校自治为中心的高等教育思想所导致的结果是:①政府对高等教育的管理及社会对高等教育的影响减少到最低限度。②教授们基本不关心社会、经济的实际需要,仅根据学术本身的需要或自己的爱好来进行教学和科研。③学校内部事务由教授们共同商议、决定,在各自的研究所内,教授们享有独裁式的权力,不存在其他人员参与管理的机会。

这样的结果导致高校与政治、经济、社会相脱离以及学术至上倾向的发展,高校日益成为学术象牙塔。

二、行政模式

随着国家日益加强对高校的管理,高校内部逐步建立起等级制的行政管理体制。在一些国家,高校内部管理出现了明显的行政化倾向。行政人员在高校决策中发挥主导作用。这种实际决策权力主要掌握在行政人员手中的决策模式,通常被称作行政模式或科层制模式。在美国许多高校的管理决策中,以校长为首的行政部门具有较大的管理权力。

美国加州大学的权力结构在层次上分为联合大学(大学)、大学(分校)、学院和系四个层次。在大学层次,董事会是最高的权力机构,校长是大学的执行首脑,直接向董事会负责,负责教学的常务副校长在很大程度上承担了学校的管理工作,加州大学的管理属于严格的等级管理。下级必须对上级负责,权力中心在上层,学术委员会的权力比较有限。

行政模式的主要特点是权力集中于上层,有助于促进高校的整合,提高管理的效率。正因为如此,也往往容易造成行政部门过多干预学术事务,妨碍学术发展,即行政人员和学术人员容易产生矛盾,从而在某种程度上影响学术水平的提高。

三、双重模式

从高校决策的实际看,学术人员和行政人员往往在不同管理领域或不同管理层次分享决策权力,因此,在同一所高校里,可能出现教授统治与官僚统治并行不悖的局面。这种学术人员和行政人员分享权力的形式,通常被称作双重模式,具体可分为以下两种情况:

一是在不同的管理领域分享权力。在学术领域,决策权倾向于学术人员;在其他管理领域,决策权倾向于行政人员。最典型的如英国大学,一般都建有理事会和学术评议会这两种机构。理事会主要由非学术人员组成,其主要职责是负责学校的财政、物质设施的计划和维修,以及工作人员的任命和正式确认等。学术评议会则主要由学术人员组成,负责有关学术问题的决策。而特别重大的决策,如首席行政人员的推举,则要由理事会成员和学术评议会成员共同组成的校务委员会决策。

二是在不同管理层次分享权力。在学院、系及其他亚层次组织,决策权倾向于学术人员。在整个大学层面,各国情况有所不同。例如美国的大学主要由校外人士组成的董事会控制。欧洲大陆国家的大学,往往由政府直接控制,院校行政或董事管理形式,则相对虚弱。欧洲大陆国家的大学素来被称为“国家大学”,政府行政权力在大学发展规划、学历认定,以及资源分配等方面,发挥着重要控制作用,政府充当了大学的监护人,大学的行政权力被大大削弱。但是,中央集权削弱的是大学层次权力。在学部和基层,教授的活动领域很大。

四、市场模式

以上三种模式所注重的是高校内部的权力关系，以及相关人员积极性的发挥。但是，决策问题不能脱离环境的情境特征，高校管理需要处理的关键问题是如何适应环境的变化。随着社会利益的分化和各种利益主体影响的日益扩大，高校如何适应多种社会利益主体的诉求，并调整其决策模式和运行机制的问题日显突出。

伯顿·克拉克在分析部分国家高等教育系统整合过程时，提出了三种理想的权力协调模式，即国家权力、学术权威和市场。他认为市场对高等教育系统影响有日益扩大的趋势，并且着重分析了消费者市场、劳动力市场和院校市场这三种主要的教育市场形势。但是，广义的市场远不止这三种形式。它包括影响高校发展的多种利益主体。所谓高校决策的市场模式，就是指社会相关利益主体参与和影响高校决策的形式，因此，就其重视和强调社会参与而言，又可以称其为"社会模式"。

市场模式具有三个特点。

一是重视高校与环境的互动。高校不是通过对抗环境的复杂性来进行自我保护的，而是主动调适和适应环境，并从环境中获取资源的。

二是高校以基于自身特性的方式，对自身环境的资源进行加工。恰恰是不同于市场方式的加工过程，才维持了高校作为开放系统的不同结构。因此，高校对市场的适应不等于"市场化"，即把市场机制直接移植进来。

三是具有分散决策的特点。在适应市场的过程中，高校各子系统逐步成为具有较大自主权力的相对独立的经营主体，高校经营化程度不断提高。

市场更多是一种超越传统权力关系的力量，其影响集中体现在改变高校、政府，以及高校与政府的关系上。

日本学者金子元久在讨论市场模式的特点时提出："从现在发生的实际变化来看，在高等教育中，既有供求直接面对意义上的市场，也有政府模拟市场机制形态的模拟市场。"供求直接面对的市场，主要为需求市场和竞争市场，即消费者市场、劳动力市场和院校市场。学生家庭和用人单位出于对高校教育功能和研究功能的需要而向高校支付费用，各类院校为获得这些费用而展开竞争。所谓模拟市场,则是把市场功能的一部分以某种形态导入政府的资源供给中。例如,强调对高校的"问责",只有那些经过评估,绩效令政府满意的高校,才能获得较多的政府资助。20世纪80年代,英国和美国政府受"新自由主义"观念影响,推行公共行政的市场化,大幅度削减高等教育财政拨款,对大学实行选择性支持。在英国,在强调大学通过自己的努力增强自我发展能力的同时,政府借助社会中介机构加强了对大学的评估,并把评价结果与政府的财政拨款挂钩。在美国,大学提供的服务在多大程度上与服务需要相适应,越来越成为财政拨款的基准。

总之,各国政府拨款方式已逐步由原来的"一揽子拨款"改为目标激励性拨款、引子拨款、绩效拨款、基准拨款、竞标拨款、边际成本拨款等形式,市场和模拟市场在一定程度上改变了政府权力的运作方式。与此同时,也就提出了谁应当对高校的可持续发展最终负责、国家还是高校自身,目前的拨款方式是否有助于保持高校的长期产出能力等问题。

第二节　高校控制模式改革进程

一、基层控制模式

2002年,香港大学资助委员会发表了由香港教育统筹局委托英国爱丁堡高校校长宋达能主持撰写的题为《香港高等教育》的报告。其中,在讨论所谓"院校管治"时,做了两种模式的区分。甲模式为绝对等级制,权力完全为上层所有,并根据严格的习惯和规定,向下层逐级下放权力、责任和义务;乙模式则与之相反,其决策过程完全采取民主协商方式,所有成员原则上享有均等的权力,在需要以投票方式表决时,原则上也是每人一票。乙模式由于上下层之间界限不明,所以有研究者将其称为"无等级的协商制",实际情形是教授治校,管理重心偏向基层。

基层控制是早期大学的显著特征之一。在以后的发展中,这一特征在许多国家的大学中得以保存。在英国,"从垂直维度看,英国的权威处于底部的行会形式的控制",1836年成立的伦敦高校校务委员会无权干涉各附属学院的教学,它对各学院的唯一控制手段,便是学位考试,学院在招生、教学、经济、管理上均独立自主。

基层控制具有结构扁平化的特征，主要体现在以下三方面：

（1）博弈地位均等化。大学或学院的各组成部分松散结合，权力扩散到各学科或教学科研部门，来自各学科的教授们在高校或学院的管理中，原则上具有同等权利。

（2）结构运作多样化。大学或学院的目标经常与基层目标发生冲突，后者引出了众多的方向，各学科或部门之间的沟通，往往按照各自的既得利益进行，使得协调非常困难，结果往往由建立在自愿基础上的非正式规范来进行控制。

（3）结构实体独立化。各学科或部门高度自主，相对独立，上层结构虚化，下层经常决定并管理上层。因此，基层控制在具有尊重学术自由、有利发挥学术人员的创造性等优势的同时，也容易因各行其是造成混乱无序和资源浪费。为修正其不足，一些国家逐步加强了上层调节性机构的建设。

二、上层控制模式

上述《香港高等教育》报告中提到的"甲模式"，就是典型的上层控制模式。这种模式以美国大学较为典型。如同英国模式一样，美国模式综合了教授控制和院校董事管理与行政控制等形式。但是，与英国相比，美国的教授控制的力量较为弱小，院校董事和行政人员的影响力较为强大。

在美国的院校内部，系主任一般是自上而下经协商产生的，中间层次的学院一级的院长一般由任命产生。但是，对于一些高度集权制的国家而言，上层控制主要体现在国家对高校的直接控制上，国家教育行政部门在某种程度上取代了高校行政部门。比如，拿破仑时代的法国帝国大学就是政校合一的机构，既是全国最高教育行政机关，又是办学实体。结果，在法国帝国本身院校层面的行政权力相对较弱；上层结构的权力集中在国家教育部的官僚手中；没有院校董事会管理制度，院校行政的力量相对较弱。

即使在上层控制模式下，大学基层特别是教授依然享有较大的自主权。例如，根据《学校教育法》的规定，东京大学设立的评议会为学校最高权力机构，由各学部长、各直属部门负责人、每学部两名教授代表组成。总长（与校长合一）为评议长和名义上的法人代表。评议会的职责是审议、协调、决定学校的重大事项和监督总长的工作。各学部的教授会由全体教授组成,吸收部分行政人员参加,负责选举学部长和决定学部的重大举措。但是,上层控制对大学整体办学自主权的取代或剥夺在很大程度上制约着大学的发展。

当一个系统发展并变得更加复杂时,如果日常的权威继续由中央机构行使,这个系统将逐步变得难以管理,而且当上层建筑逐渐收缩成为一个顶峰,并且建立起等级森严的控制权力的时候,高等教育活动的基层结构就会失去功能。例如,在法国帝国大学存续的数十年间,由于中央统一得过死,学校缺乏自主权和活力,影响了学术水平和教育质量,甚至一度影响了法国大学的国际声誉。因此,上述国家在改革过程中,在向大学放权的同时,也采取了加强大学本身行政权力或加强协调机制等措施,形成了另一种形式的集中。

三、多元协调模式

高校控制模式改革的总体趋势是由两极趋向中间。绝对的基层控制和上层控制,毕竟属于马克斯·韦伯式的"理想类型",各国通过对基层控制和上层控制模式的不断改革,逐步建立了上下结合、多元协调的复合控制模式。针对不同的管理对象,形成了开放灵活、模式多样的控制方式。

社会系统理论认为,管理者同时也是被管理者,当行政管理者在管理教师行为的时候,教师也在设法影响并管理行政管理者的行为。实际情况是,教师在守护其传统势力范围或管理领域过程中,开始介入行政管理者的优势领域;而管理者守护其传统势力范围或管理领域过程中,也开始介入教师的优势领域。在保持原有传统的同时,又通过变革,形成了新的优势。此外,不同类型高等教育体系之间的相互借鉴和趋同,在某种程度上也促进高校内部控制模式的改革。

一般认为,现实中存在两种比较典型的高等教育体制模式,一种为国家主导型高等教育体系,另一种为社会主导型高等教育体系。国家主导型高等教育体系容易形成集权式管理,社会主导型高等教育体系则容易形成基层民主管理模式。在发展过程中,社会主导型高等教育体系加强了统筹与整合的力度,国家主导型高等教育体系则通过向下放权和引入市场机制,增强了适应性和灵活性,结果殊途同归。

第三节 我国高校运行机制的特点

一、高校经营化程度提高

改革开放以来,随着高校办学自主权的逐步扩大,高校的实体地位不断增强。随着办学规模的迅速扩张、政府财政性投入占高校经费开支比例的逐步下降,如何面向市场通过自主经营获取赖以生存和发展的资源,成为摆在高校管理者面前的一个现实问题。

在此情形下,市场原则及管理手段被广泛引入高校管理领域,形成了一系列促进高校面向市场自主办学的具体制度。例如,问责制度、融资制度等,前者要求学校各部门能够说明所取得的科研成果、教学质量、办学效益及持续发展能力等,后者则要求高校在国家公共财政能力有限或逐渐下降的情况下,通过向银行贷款、引进民间资本、开展教育融资等多种手段积极筹集发展资金,增强自主发展能力。高校必须自主确定目标定位,通过营造品牌和特色吸引生源,借以维持在教育消费市场、劳动力市场和院校市场中的生存能力。

二、管理重心逐步下移

如何处理集权与分权的关系,一直是我国高校内部管理中需要解决的问题。一方面,如果没有必要的集权,就无法把多元分散且异质化程度较高的各部分整合成一体,也难以形成共同的战略、文化和利益。另一方面,当高校变得日益复杂时,这种整合的难度也进一步加大。当一个系统发展并变得更加复杂时,如果日常的权威继续由中央机构行使,那么这个系统将逐步变得难以管理。长期以来,我国高校内部管理实行的是高度集权的管理体制,其结果是以服务为主的职能部门拥有较大的权力,它们实际上成为推行集权的重要手段,并且往往异化成为对院系的领导,院系权力较少。有学者认为,这种体制下形成了一个实际控制学校但又无须对学校发展承担直接责任的行政管理者阶层。例如,财务处管理财务,但无须对开辟财源负责;人事处负责教师的录用、职称晋升等方面的管理,但无须对各院系、各学科专业的教学和科研质量直接负责。为此,在合并相关系科组建成立学院的过程中,多数高校都进行了扁平化的分权管理改革,重新划分学校与学院的权利与责任边界,推进管理重心下移,在经费使用和学术决策等方面,赋予学院以较大的自主权,同时,也要求学院承担相应的责任。

三、学术人员决策权和影响力扩大

为改变学术权力相对较弱、行政权力常常代替学术权力的状况,许多高校通过改革,建立健全了各种常设性的学术组织。如学术委员会、学位委员会、教学工作指导委员会、教材建设委员会、课程建设委员会和专业技术职务评聘委员会等,同时,增强学者群体在高校管理、决策和资源分配等具有实质意义的事务中的影响力,并以一定的程序和制度确保学者群体行使其权力。

高校管理制度改革的基本线索是在理顺高校内部权力关系的基础上,建立上下平衡、内外结合、合理有序的高校权力体制和运行机制。高校管理制度改革的基本特点是,将保存传统与改革创新统一起来,由两极趋向中间,达到对立面的统一。这主要体现在以下三方面:

(1)寻求自律与他律的统一。改革中,力图通过建立既合作又分工的学术体制和行政体制来协调高校内部学术权力和行政权力的关系,在遵循学术发展逻辑的同时,适应国家和社会需要。在近期的改革中,又根据高校作为社会开放系统,与社会之间边界模糊、松散结合、特征日益彰显的新情况,积极进行权力体制和组织方式的创新,通过建立分散治理结构,整合学术权力、行政权力和其他各种权力,以达成高校发展内部规律与外部规律的统一。

(2)将提高组织化程度与促进管理重心下移相结合。为适应高校多元分化的趋势,各国在加强整合协调的同时,积极扩大基层民主,以促进高校上层结构与下层结构之间的平衡协调,并根据管理对象的不同特点,构建起灵活开放的多元协调模式。

(3)追求效率与激发活力相统一。既关注高校整体目标,又重视各子系统的目标。既追求目标的一致性,又强调目标的合成性。大力促进科层制与委员会制的结合,通过建立分散治理结构,以实现效率与活力、规范性与灵活性的统一。

第五章　高校行政管理长效机制探索

第一节　校院两级管理体制的探索与实践

一、校院两级管理体制

随着高校在校生规模的日益扩大,以学科教育为基础的本科教育在学校中所占比例日益扩大,学校对学科建设的要求日益提高,学科的数量和水平也将得以提升。设立二级学院,实现学院制管理,是目前高校行政管理中的基本组织形式,能够促进学科的整合和发展,激发各级组织的活力,切实提高管理效率。校院两级管理实施后,各二级教学单位在学科建设、教学管理、教学改革、教师梯队建设和科研工作等方面,都取得了明显的效果。

(一)指导思想、原则、目标、总体思路与工作重点

1.指导思想

落实《中华人民共和国高等教育法》《面向 21 世纪教育振兴行动计划》精神,进一步解放思想,转变观念。正确处理宏观调控管理与微观放开搞活的关系,创新与继承的关系,局部利益与全局利益、眼前利益与长远利益的关系,以及改革、发展与稳定的关系。

2.基本原则

(1)系统性原则,指树立全局观念。

（2）主体性原则，即坚持以院（系）为本、以学术为本、以教师为本的原则，推进两级管理过程中出现的所有矛盾与问题的解决，均要坚持这一原则。

（3）匹配性原则，即按照管理的效率标准与能级原理，坚持"产供销""责权利""人财物"相匹配的原则，合理划分校部机关和院（系）职能，并在事权重心下移的前提下，使院（系）拥有与学科建设和学术管理相适应的财权、人事权和物权，真正做到权责利相结合。

（4）优先性原则，即行政管理保证和服从于学术管理，院（系）设置及其管理模式、决策机制等，均应确立学科建设与学术管理优先。

（5）民主性原则，即大力推进院（系）民主管理，尤其是学术民主管理，加大专家教授在校院两级学术管理决策中的分量。

（6）渐进性原则，即根据事项的轻重缓急及改革条件的成熟情况，总体规划，分步实施。

3.基本目标

高校推进校院两级管理是为了最大限度地释放学术生产力，不断提高人才培养质量、办学水平和办学效益。

从现实出发，推进校院两级管理就是要建立适应高校办学规模扩大以后的学科建设运行新机制，充分激发和调动院（系）（含直属系，以下同）办学的主动性、积极性和创造性，加强现代大学制度建设，优化校院两级治理结构。具体表现为形成适应高校现代化、国际化、信息化发展框架的管理体制；形成一支高素质的教育、科研、管理队伍，院（系）成为具有生机和活力的教学科研实体，高校内部管理水平得到充分提高。

4.总体思路

两级管理、重心下移、规范运作、长效机制、增强活力、提高绩效。即在合理界定校部与院（系）事权的基础上，理顺校院两级关系；在下放事权的同时，下放相应的人事权、财务权、物力配置权等保证二级院（系）的有效运作，建立系列责任制度，并将学术管理从现行高度集中的管理架构中分离出来，发挥专家教授在学术咨询与决策方面的职能；同时，校部机关转变工作方式，强化宏观管理职能。

5.工作重点

高校的管理重心由校机关职能处室下移至院(系),院(系)实行实体化运作。高校主要通过制定与实施发展规划、制定与实施政策规章、筹措与分配办学经费、监督与评估办学质量等手段,对院(系)实施宏观管理。院(系)在学校的宏观调控下,承担明确的责任和义务,享有相应的权力和利益,真正成为充满生机和活力的具有突出学术管理职能,兼顾教学、科研、社会服务和对外交流的新型学术型组织。

(二)校院两级管理改革的动因

1.人才培养定位因素

校院两级管理的推行,将有利于高校人才培养目标的实现。高校学科定位和人才培养最终要落实到课程体系的设置与教学内容上。二级学院设立后,各二级学院应依据高校的办学指导思想和人才培养目标定位,根据自身特点,确定自身的发展目标定位,并以此为基础,建设所属各专业的课程体系和结构,保证教学内容的先进性和一定的超前性,最终实现人才的培养目标。

2.规模因素

随着高校规模日益扩大,高校需要探索实行二级管理,开展间接管理,把行政事务权下放至各二级学院,并定期开展督导。

3.教学质量保障因素

高校的根本任务是培养人才,人才培养的质量是高校的生命线。随着学生规模的日益扩大,在一级管理的组织体系下,教学质量监控难以有效开展。而在二级管理架构中,二级学院作为高校内部管理体制中处于枢纽地位的机构,必须能够有效地对教学质量进行监控。高校希望通过校院两级管理改革,搭建校、院两个级别的教学质量保障体系,从而更加有效地监控教学质量。

4.师资队伍建设因素

要高质量地完成教学任务,高校必须建设一支高素质的师资队伍。实施校院两级管理以后,二级学院能够在不违背高校基本规章制度的前提下,依据学院自身的发展目标定位、专业设置和课程设置,自主设定师资队伍规划和任课教师资格。这将有助于建设一支结构更合理,素质更高,更具有学科、专业与课程针对性的师资队伍。

5.依法治校和民主治校因素

通过校院两级管理改革的实施,高校依赖一些基础性的管理制度和政策,对二级学院开展间接管理,定期开展督导。高校依法放权,二级学院依法行使管理职权,使得二级管理处在严格的规章制度的约束下。

随着各二级学院的组建和运作,二级学院的教职工代表在二级管理和二级分配过程中,能够更多地行使职责。二级学院必须、也需要发挥教职工代表的作用,推进民主治校。

(三)校院两级管理的特点

1.实施责任制,打破路径依赖

在管理改革中,管理模式的路径依赖往往容易造成改革步伐的缓慢。学校多年来一直以系为单位实施校系一级管理,对旧有管理体制的路径依赖,会在一定程度上影响二级管理的推行。"二级学院年度工作任务责任制"以"明确目标、给予权力、实施自治、开展问责"为原则,将学校年度工作目标分解到各二级学院,同时,对所有职能部门提出完成"以全面管理为主",转向"以服务为主"的要求。在确定目标时,学校与二级学院民主协商、充分讨论;在具体的工作中,二级学院得到了各职能部门的全力支持。在科学且明确的目标引导下、在有力而稳定的部门支持下,二级学院的主体地位得到突出,二级学院的责任意识得到加强,职能部门的服务意识得以强化,二级学院工作的积极性和主动性得到了充分发挥。

2.实施两级分配,各二级学院实现自主绩效考核

两级分配是"校系二级建制,二级管理"的校内管理模式在学校人员经费分配模式上的体现。职能部门依据各二级教学部门的学生数量、教学时数、专业建设和教学教改等因素,核定与协调下达经费额度,并对经费额度进行核算、检查。各二级教学部门可依据学校分配制度的总体精神,对下

达经费额度的 90％制定本部门内部分配方案和发放办法,经学校批准后组织实施,剩余的 10％在学年结束后核算发放。

为了在分配中充分体现二级教学部门的主体地位,在确保学校稳定和健康发展的前提下,学生培养人员经费尽可能下放到各二级部门。在进行具体的人员经费分配时,岗位基本工资和基本工作津贴等属于学校分配人员经费范围,由学校职能部门依据学校教学、科研和学科建设等目标,在实施目标责任考核和宏观调控的基础上发放;学生管理津贴、课时津贴、科研考核和绩效考核奖金等,用于教育教学工作的人员工资性支出,则属于二级教学部门分配人员经费范围,由二级教学部门以部门人员完成人才培养任务的实绩为主要依据,按照绩效挂钩的原则分配。

(四)校院两级管理体制的基本内容

1. 校院职能

(1)校部的职能。改革后,校部各职能部门要逐步淡化微观管理职能,强化监督考核和服务职能。校部的具体职能为:第一,制定学校的总体发展战略与规划,制定学校的阶段性计划和发展目标并监督实施;第二,制定和颁布学校的各项宏观政策与规定;第三,定期汇总并分析本部门的信息,为校领导提供科学准确及时的决策依据;第四,开展调查研究,为院(系)运行和发展提供必要的服务和咨询;第五,组织建设和管理全校性公用教育资源及跨院(系)的综合性核心课程和跨学科的研究中心;第六,对外联络;第七,统筹规划全校的教学科研、师资建设、人才培养、党建思政、学生管理、校园文化、公共关系与公共形象、后勤保障等工作;第八,对院(系)教育质量和办学效益实施监控与评估;第九,根据校务公开的要求,定期组织召开校情通报会。

(2)院(系)的职能。院(系)的职责为:第一,根据学校总体发展战略,制定并实施本单位发展规划及年度发展计划;第二,决定本单位的教学科研组织形式;第三,负责教师队伍建设,在学校核定的编制数额和各级职务比例内确定教职员工岗位设置,聘任教职员工,考核应聘者的工作业绩;第四,在学校指导下,具体负责本单位的学科建设、师资队伍建设、国际学术交流及教学科研、人才培养、党建与思想政治工作、学生管理及其他日常事务性工作等；第五，在学校的统筹规划下，完成重点学科、博士点、硕士点的申报及"211 工程"项目建设等非常规性任务；第六，在国家和学校政策法规范围内，积极开展院（系）间、院企间、院（系）与社会间的合作办学和科技服务，提升院（系）的造血功能，提高办学质量和办学效益；第七，制定内部财务制度，在执行预决算制度的基础上，在财务、审计部门指导与监督下，自主支配本单位办学资金；第八，定期召开院情通报会，做到院务公开。

2.校部职能调整与改革

根据上述校院两级职能的界定，校部各主要职能部门进行事权梳理，明确本部门需要增设、保留或下放至院（系）的事权，使校部的职能清晰化。校组织人事领导小组要做好校部各职能部门的功能界定和岗位职责界定工作。

与事权下放相匹配，校部下放相应的人事权和财权。

（1）人事管理：实行分类分层管理。校人事处根据教学、科研和管理工作的需要，核定全校教学、科研、专任技术、教学科研辅助、公共服务、党政管理等不同类别人员编制规模和岗位结构比例，按学科建设的需要，分类定编定岗。校部与院（系）分别行使相应的人事权。

（2）财务管理：在定编定岗和划分事权的基础上，制定财务两级管理制度。校级财务对资金实行集中管理，各院（系）开展各种教学、科研及社会服务等活动取得的收入，全额纳入学校的预算管理。同时，扩大校级经费向院（系）下放的比重，将院（系）自主创收资金纳入预算管理，既提高创收资金使用的透明度，更引导院（系）将自主创收收入用于院（系）学科建设和师资队伍建设。校财务处对院（系）财务实行"两公开一监督"制度，即预算公开、决算公开、财务处实施监督。

研究生部的研究生管理下放到院（系），纳入院（系）学生事务管理体系，由院（系）统一进行管理。

校院两级管理体制正式运行后，学校对院（系）的管理主要体现为规划、指导、服务、监督、协调。校部要加快完成四个方面职能的转变，即从微观管理转向宏观管理、从事务管理转向政策管理、从过程管理转向目标管理为主、从审批管理转向服务管理。学校主要依据校、院双方签订的目标责任书对院（系）整体工作及其领导班子进行年度和任期考核，考核结果与本单位相关利益直接挂钩。

3. 院（系）职责与权利

明确院（系）承担学科建设、教学科研、社会服务与对外交流合作职责。

（1）院（系）为学科建设的主要责任单位。院长是学科建设的第一责任人。在聘任院长时，要求应聘者在校发展战略规划的框架内提出明确可行的学科建设规划，并将学科建设指标纳入院（系）行政负责人的考核指标体系，由校学科建设办公室对其任期内学科建设规划目标的落实情况进行监督考核。

（2）教育教学和人才培养质量由院（系）负责。院（系）有责任帮助教师丰富教学内容、改进教学方法、提高教学质量，院（系）的教学质量接受教务处和督导组的监督检查。第一课堂和第二课堂的教学质量均纳入教学检查评估的范畴。

（3）院（系）应成为国际交流与合作的主体，在校国际交流处的指导下，独立开展国际合作和国际交流，不断扩大院（系）、学科在国内外的影响。

（4）以财务管理与资产管理为抓手，实行校院（系）两级预算管理制度，扩大院（系）资源配置与事务处理权力院（系）遵循学校财务管理制度，自主制定年度财务预算，并经校财经委员会审定实施，从而进一步规范院（系）财务管理，扩大院（系）的资金管理与使用权力，较好地引导院（系）将创收资金用于学科建设与师资队伍建设。

4. 院（系）的学术管理与行政决策

改革传统的院（系）领导体制与决策机制，形成学术民主的、充满活力的专家教授参与度较高的新型院（系）领导体制与决策机制。改革的主要内容包括推广院长、系主任竞争上岗制及目标任期制，突出学科建设在任期目标中的地位；院（系）负责人的行政职能与学术权力相对分离。发挥学科带头人与学术骨干在学术管理中的作用，建立院级的教授委员会作为学术管理的议事决策机构；建立以院（系）党政领导为主，有院属系主任或课题组长、教授等代表参加的院务委员会和院务会议制度，作为院（系）集体领导与民主决策的体制与形式，结合政务公开和民主制度建设，逐步建立民主集中制基础上的、集中领导与个人负责相结合的院(系)领导体制与决策机制。

(1)建立健全院(系)学术事务与行政管理议事与决策机构。建立院级教授委员会作为有关学术问题的议事和决策机构。赋予院(系)教授委员会主要职责审议和决定院(系)学科发展规划;审议和决定院(系)的教学、科研及对外学术交流等重要事项审议和选聘院(系)学科带头人和学术骨干,审议和确定院聘教师岗位。按有关规定,审议专业技术人员聘任事项,审议和遴选硕士研究生导师和博士研究生导师;审议院(系)当年各类毕业生的学位事项,并向校学位委员会提出授予学位的建议;审议院(系)学科建设的资源配置与经费预算及调整项目;审议和决定行政负责人认为有必要提交议定的其他重要事项。

调整充实院(系)领导班子为日常行政事务决策和执行机构。根据德、勤、能原则调整、充实院(系)党政领导班子。正副院长根据学校工作部署和指示精神,结合本院(系)实际情况,处理好日常行政事务工作;分党委(总支)正副书记,保证监督党和国家的教育方针、政策及学校各项决定在本单位的贯彻执行;充分发挥基层党组织的政治核心和战斗堡垒作用;负责院(系)思想政治工作、学生工作、基层党建工作和纪检工作。

建立以院务委员会为院(系)行政事务决策机构。院务委员会由院(系)正副院长、正副书记、系主任或学科组负责人组成。

(2)建立和完善院务议事和决策制度。

1)建立院学术事务会议制度。与学科建设、学术、学位、职称职务等有关学科建设和学术管理的重要事项,应由教授委员会的各类学术事务委员会根据学校和院(系)有关规定讨论决定。根据需要,由教授委员会主任委员非定期召集。

2)完善院党政联席会议制度。对日常行政事务进行讨论和决策。一般应每周召开一次。健全院务会议制度。对本院(系)非学术性的重要事项进行讨论和决策,一般每月召开一次。

3)二级教代会。二级教代会是院(系)实行民主管理、民主监督和教职工维护自身权益的重要形式。教职工人数没有达到一定规模的院(系),可由全体教职工大会替代二级教代会。二级教代会或全体教职工大会每学期至少召开一次,对院(系)预决算及其他重大事项进行审议。

(3)其他事项。

1)院属系、学科组或课题组等,是院(系)的基层组织,负责组织落实教学、科研工作,以及其他相关事务管理,一般没有人、财、物等资源调配权。

2)研究中心(所)。按照有利于组建学科群,有利于培养复合型、创新型人才,有利于充分利用人才资源的原则,原学校管理的研究中心(院、所)除重点研究基地由校、院共管,校管为主外,其他原则上改为院(系)管理。

(五)校院两级管理改革的实际效果

(1)校园依然保持稳定。二级管理改革涉及对原先各系的重组与整合,也涉及分配方式的变化。随着二级管理改革的不断深入,管理体制将越来越成熟,管理水平也将日益提高,师生员工在二级学院管理模式中成为真正的受益群体。

(2)二级学院的积极性高涨。随着二级管理改革的开展和深入,以及二级分配、"二级学院年度工作任务责任制"和定期调研制度的推行,二级学院的枢纽地位得以明确。这使得各二级学院的建设与发展热情高涨,为学校发展奠定了良好的基础。

(3)随着二级管理改革的推行和深入,学校的内部管理由行政主导型逐步向监督评估型转变。在二级学院办学权力加强的过程中,教师作用不断提高,学生的权益得到保障,也为学生参与学院和学校的建设与办学提供了可能。

(六)关于校院两级管理体制的思考

校院两级管理改革是一个渐进的过程,在改革与发展中面临新的问题,也在所难免。

1. 以二级学院为枢纽、赋予二级学院自主权的管理模式,还需要不断积累实践经验

目前,学校的二级管理改革仍然处于起步阶段,校党委在赋予其自主权方面比较审慎。在分权方面,学校秉持"解放思想、审慎安排、效率优先、保证公平"的原则。学校在二级管理改革方面的制度设想,还需要实践经验的验证。

2. 进一步探索责任制的保障机制

尽管学校已经对各职能部门提出了变"管制"为"服务"的要求,但职能部门在"提供哪些服务",以及"如何提供服务"等方面,还需要继续探讨。

3. 进一步协调二级学院之间的关系

学院之间的协调是提高整体办学实力的有效保证。在学校推行二级管理改革的过程中,二级管理组织体系得以建立,各二级学院的内部运作也能够顺利展开。但是,学校意识到,如果二级学院的独立性过于明显,行政协调力度在一定程度上会受到削弱,这不利于高校内部的信息和资源共享。而且,目前学科交叉和渗透不断加大。学校指出,学校内部各二级学院在办学上要取长补短,发挥聚集功能,这是不断提高学院办学实力的有效手段。而资源共享、经验交流和探讨,是实现办学能力不断提高的有效方式。另外,通过资源整合形成一些新功能,在一定的条件下会胜过资源创造的能力。因此,学校正积极开展研究,以期实现各二级学院之间,在独立的基础上,实现既竞争又合作的态势。

4. 在校院两级管理组织结构的基础上,积极探索建立学院制管理的组织结构

目前,学校的二级学院已组建完成,各二级学院也已投入运行,二级管理体系已取得了成果。二级学院内部如何搭建组织结构以便顺畅地开展工作,还是一个值得继续探讨的问题。

5. 学校监督、监察和审计等职能需要加强

学校的内部民主监督和制约,是一个保障,但学校的外部监督和制约也必不可少。学校虽有了较多权力,但它并非独立的法人机构,作为办学法人实体的学校,仍然要在专业设置、学科建设和人事录用考核上,进行总体规划,并对二级学院的办学、人事和财务等方面,进行监督检查,且遵循公开、公正、民主、科学的原则。

随着理论和实践的不断突破,学校有能力、也有信心克服二级管理改革中的问题,不断深化二级管理改革,实现学校的科学发展。

二、案例分析

组建学院或推行学院制,实行校院两级管理,是高校内部管理体制改革和学科建设发展的一种思路,已逐渐成为我国高校内部管理体制改革的"热点"之一。校院两级管理是一种不同于过去校系两级行政机构的新的管理模式,其实质是使高校原有的以职能部门为主体的管理模式,转变为以二级学院管理为主体的管理模式,即称学院制。进行校院两级管理体制改革,确立和调整学校与二级学院及职能部门之间的权、责、利关系,使二级学院通过相对的自主办学,更好地促进学校的整合与发展,激活基层的办学活力,有效地提高教学质量和办学效益。

笔者以某中医药大学为例,对高校的学院制管理进行分析研究。某中医药大学从 1996 年开始相继成立了二级学院,同时,以文件形式明确二级学院的工作权限、人事管理职能、财务管理职能、教学管理职能、科研管理职能,旨在加强内涵建设,理顺管理体制,健全校院二级负责制。二级学院成立至今,对学校的教学、科研、医疗等方面的工作发挥了十分重要的作用。

(一)明确改革思路,稳步推进改革进程

从 2000 年开始,学校多次召开了有关二级学院体制改革试点工作的专题研讨会,广泛听取各方面的意见,明确阐述了二级学院体制改革试点工作的指导思想。①强化校院两级管理,实现管理重心下移,使学院成为拥有相应权责的实体,对人、财、物进行统筹安排;②加强教学工作,推进素质教育,提高人才培养质量;③加强学科建设,给予学科带头人较大的权力,以研究院(室)为单位进行学科建设,组建学科梯队;④强化岗位、淡化身份,因需设岗,因岗聘人,因岗取酬,因岗分流;⑤加强财务管理,实行一级核算、二级管理,建立学院自主理财机制;⑥学校资源实行有偿使用。体制改革的目的是实现管理重心下移,使二级学院在学科建设、教学、科研与医疗工作,以及资源配置等方面发挥统筹协调和组织管理作用。

学校党委在推行改革试点工作中,注重防止两种倾向:一种是"赶时髦",不顾条件是否成熟,盲目追赶潮流;另一种是"一刀切",忽视条件成熟的过程性、渐成性和不平衡性,以主观的良好愿望抹杀现实的复杂和多变。

一方面,要看到实行二级学院体制改革的基础和条件,另一方面,也要看到存在的实际困难和问题。学校始终遵循"解放思想、实事求是、成熟一个发展一个"的原则,分批分步进行,不急于求成,根据各学院不同的功能、性质、任务等加以分类,采取"一院一案"的政策,即对不同的学院采用不同的改革方案,又称"转制"方案。

(二)二级学院体制改革情况介绍

走内涵式发展道路,突现二级学院办学主体,不断挖掘学校现有内部潜力,以提高办学效益的办学思想,已成为高校党政领导的一种共识。校党委决定先从条件比较成熟的国际教育学院开始试点改革,然后逐步推进其他二级学院的体制改革工作。

1. 国际教育学院管理模式综合改革情况

2001 年起,国际教育学院率先进行二级学院管理模式的综合改革。改革分两步走。第一轮改革主要是明确国际教育学院的业务范围、职责与权限;适当调整、扩高校院在财务、人事等方面的管理权限,为今后相对地按市场需求运作创造条件;明确学院使用学校教育资源成本核算办法及收益上交办法,实现资金积累;实施学院内部劳动人事制度改革,建立新的人员工资标准体系和绩效考核体系。第二轮改革主要是实施以需求为导向的市场营销(招生)战略,初步建成一个按市场规则运行的国际合作招生营销网络体系;实施以品牌建设为导向的质量推进战略,初步建立一个比较可行的国际教育质量标准和质量控制体系;实施以实现效益最大化为目标的财务运作战略,积极探索多种形式的内外合作,在项目拓展中,初步形成一个广泛多元合作的市场运行机制和工作局面;实施以提高素质为目标的人力资源战略,进一步调整内部结构,完善激励机制,建立一个有较高运行效率、较好人才结构的内部工作局面。

经过第一轮综合改革,改革启动时影响学院发展的主要问题得到了初步解决,并建立了积累机制。学校抓住搬迁的机会,进行有效投入,使国际教育学院的教学环境、教学设施达到了全国一流的水平,为学校对外教育持续发展创造了较好的条件,也为制定新一轮的中长期发展规划奠定了基础。

在第一轮综合改革的基础上,学院第二轮综合改革在体制和机制的完善上有了发展,成效更为凸显。特别是在留学生规模和对外教育质量上有了明显的提高。截至 2008 年底,长期留学生数为 807 人,保持了年均 23.1％的增长率,短期留学生数达千人大关。

学院体制机制改革,极大地调动了学校广大教师工作积极性,对外教育发展促进学校对外教育的办学效益明显提高。2004 年,学院建立了 ISO 质量管理体系,并连续三年通过监督审核,2007 年通过复评。学校对外教育质量和学生满意度不断提高。

2.继续教育学院体制改革情况

2002 年起,继续教育学院实行了校内非法人部门准成本经济核算的转制改革。方案经过五年左右的运行,成效明显,超过了预期目标。

普通高等教育扩招,以及取消考生报名年龄限制、自学考试停止举办医学类专业等,中医药继续教育的发展面临着新的问题、新的挑战。改革的目的,就是要在学校给予政策的条件下,做大继续教育学院这块"蛋糕",因而中医药继续教育的重心,必须将以前的学历教育转向继续教育和岗位培训,积极主动地适应社会需要,整合学校和社会各种教育资源,积极开展各种培训项目。这是这次改革获得成功的关键所在。

在分析调研社会需求后,学院对原专业层次结构进行调整,并开设新的专业,由原来转制前的一个医学专科专业拓展为中医本科等 11 个专科、本科、专升本不同层次的专业。改革后在校生规模大幅度递增。

在非学历教育方面,学院稳定巩固原有继续教育项目(执业药师、医古文、校系统继续教育项目等),积极承办了卫生行政管理部门的继续教育老中医继承班、西学中研修班。适应社会需求举办各类以中医药内容为主体,兼顾社会热点的培训班,每年培训有 3 500～4 000 人次。在学校收入增加的同时,继续教育学院的积累也在同步增长,学院的发展基金提供了继续教育发展的积累机制,教学设施得到一定的改善。机制的转换激发了部门工作的内在动力,职工的责任心、精神面貌、工作态度、服务意识、市场意识、成本意识,都比原来有了改观,学院内部已经形成一种共识:"继续教育的办学规模是经济效益的来源,教学管理是办学质量的保证,质量是继续教育发展的基础。"近几年,在人员编制未增加的情况下,继续教育规模和效益创历史新高。

3.针灸推拿学院体制改革情况

针灸推拿学院体制改革是在2002—2003年学校推出"四岗十三级"考核分配方案后的背景下实施的。由于学校"四岗十三级"的方案高度集中、统一,强化了学校对每一位教职工的考核管理,二级学院的管理职能被相对削弱。同时,方案的过于量化所引出的一些矛盾和问题,需要进一步的修改与完善。学校党委要求针灸推拿学院率先在方案上做一些探索性的改革。

新的改革方案是,将学校直接考核每一个职工"四岗十三级"方案,变为对学院的考核,考核目标包括教学、科研、学科建设、日常管理等,以此分解到各教研室,根据各教研室的实际,制定各教研室工作年度目标进行考核,并作为教研室主任工作考核的主要依据。学院根据学校对各级教师的要求、标准等制定学院内各级教师的工作量和工作质量的考核标准和办法,以及各级教师和院、科二级管理人员的岗位职责,并制定了各项规章制度(包括奖惩制度)。

为了保证学院内部考核管理公正、公平、公开,针灸推拿学院建立了民主管理大会制度,成立了考核和民主监督小组等,每年对考核管理和分配方案进行一次修正,由民主管理大会通过,每次考核与分配由监督小组参与监督。

针灸推拿学院管理体制改革,改变了原先"四岗十三级"方案,变集中统一模式为分级管理的模式。因此,考核与分配方法得到广大教师认可和支持,使得改革得以推进。

4.中药学院体制改革情况

中药学院于2003年12月与学校正式签订了《中药学院转制协议》,协议明确规定了中药学院转制工作的总体目标、工作任务、学校授予的权利,以及应当承担的义务与职责。

转制工作的直接成效,首先体现在为二级学院的学科建设提供了更强有力的保障,营造了较为良好的生态环境力及工作氛围。目前,某市教育高地培育项目——中药学教育高地建设项目正在实施中,学院正式启动了六项重点课程建设项目和二十余项课程改革项目,教材更新率超过30%,在教学内容、教学方法、教材建设等方面,取得了新的成果。

三年里,中药学院承担了各级科研课题71项,在研经费907万元。其中,国家自然科学基金六项,省部级研究项目13项,发表研究论文97篇;2004年度获某市科技进步二等奖一项。平均每年在核心期刊发表论文超过15篇,SCI论文超过1篇,专利申请超过1项。

转制后,学校虽然赋予了中药学院一定的自主权,同时,学院也承担了更多的管理职能。为此,学院建立健全了与转制工作相适应的管理工作制度,建立了相应的教研室工作制度和教学档案管理制度,成立相关小组,做到院务工作公开,力求公正、公平。

学院的工作分级管理,充分发挥教研室主任在学科建设中的积极作用,和在日常管理中的主观能动性。根据学院工作的实际情况,在学院内部调整工作实绩考核办法,并经教代会反复酝酿讨论通过。在新的考核分配方案中,利用转制经费中的增量部分,向第一线教职员工倾斜、向中青年教师和较低收入的教师倾斜,适度减少基本岗位津贴的差异,体现多劳多得、优劳优酬的原则。通过四年来对改革方案的不断修正与完善,学院体制的改革得到了绝大部分教职员工的认可。

(三)经验与体会

实践证明,改革调动了二级学院自主管理的积极性,给二级学院的发展带来了生机和活力,从而在整体上提高了学校的办学水平。

1.转变观念,促使学校管理重心下移

改革的第一步是要转变观念、树立信心。二级学院体制改革是一项复杂的系统工程,在改革过程中,会遇到很多问题和阻力。这些问题和阻力需要管理者做好充分的思想发动工作,使教师转变观念,变改革为自觉意识。在这种情况下,校党委要做通二级学院领导班子的思想工作,讲明这次改革是给二级学院的发展提供政策环境,是一次机遇。只有解放思想,勇于探索,在改革的实践中努力突破原有的体制性障碍,最终将是二级学院和整个学校发展的双赢局面。

2.建立激励机制,激发教师的工作热情

在改革的过程中,各级领导始终认为,改革要以人为本,必须把调动人的积极性、能动性和创造性,作为二级学院体制改革成功的最大保证。通过转制,二级学院调整改革了院内考核分配制度,新的考核分配制度在学院内部形成了较好的激励和竞争机制。

现在,教工的凝聚力较以往增加,在工作上保持较高的热情,已形成全院教工心系学院的发展、大家共同参与、为学院的发展出谋划策的良好氛围。特别是在迎评促建的工作阶段,全校教师统一思想,积极准备,以内涵建设为重点,着力提高教育质量,获得了较好的成效。

3.强调学校层面放权,以此提高活力和办学效益

二级学院体制改革,调动了二级学院自主管理的积极性,学院在管理权限上有了较大的自主权,成为集教学、科研、人事、财务等权力于一身的实体性机构。高校的职能部门也可以腾出时间来思考一些学校层面的重大事项,从事务堆里解放出来。

在改革的过程中,坚决反对固守学院利益、不顾学校整体利益的作风,维护学校的整体利益,灵活掌握学校与学院间集权与分权的尺度,增强了学院的办学活力。对在改革中可能遇到较大困难的学院,学校采取"送上船、再送一程"的逐步过渡政策,以消除他们的顾虑。转制后,二级学院在学科建设、人才培养、产学研合作等方面,不再像过去被动地等待校方的安排,而是积极主动地采取各项措施,并将工作落到实处,有效地推进了各项工作的开展,提高了办学活力和办学效益。

4.建立和强化二级学院自我约束机制和校方监督职能

建立和强化二级学院自我约束机制、自我发展机制,以及校方监督职能,是改革继续深化的保证。转制以后,学校在人事聘任、业绩考核、奖励分配和经费使用等方面,给了二级学院一定程度的自主权。这些学院本着"依法管理,民主治院"的原则,建立和完善了学院管理的工作流程、院内考核分配方案和院内民主监督制度,多听意见,并经三级教代会通过后实施。在实施过程中,也及时听取反馈意见及时调整。尽管学院在分配、聘任等

工作中,面临了许多具体的矛盾和困难,但是,这些学院坚持依靠全院职工参与管理,使困难得到较好的解决。在促进二级学院内管理的科学化和民主化的同时,也锻炼了学院班子的领导和管理能力。

与此同时,校方强化了监督职能,由直接管理转变为目标管理,真正做到责权利相协调。学校在与试点学院的协议书(合同)中,也写入了校方承担监督职能的条款。比如,对二级学院负责人的经济责任审计制度、对合同期间指标完成情况的考核,以及对院级班子的考核等等,初步构建起学校新型运行管理模式。

某中医药大学在二级学院体制改革上虽然取得了一些成效,在某些方面虽然有所突破,但是,在根本上要解决体制改革转变中的深层次矛盾和关键性问题,还有待进一步探索。学校正在前期改革的基础上,站在新的历史起点和平台上,抓住新的发展机遇,继续探索二级学院管理模式的转变,不断开拓和谐发展的新局面。

第二节 高校领导力建设及应用

一、高校领导力建设

2000 年以来,每年都有大批专科学校升格为本科院校。截至 2020 年 9 月 1 日,全国共有本科院校 1270 所,新建本科院校达 678 所,将近占总数的 53.64%。作为本科教育的新兵,新建本科院校的办学传统尚未定型,与传统本科院校相比,新建本科院校的拓展与各级领导的领导力更加相关。从这个意义上说,领导力建设是推动新建本科院校又好又快发展的关键环节。

(一)概念解析

1.管理还是领导

领导是领导力概念的核心部分,明确领导的准确含义,是高校领导力建设的逻辑前提。在多数语境下,领导概念是和管理概念是不加区分的。事实上,这两个概念本身也确实有很大程度的重合;但严格来说,领导与管理还是有细微区别的。总体来说,领导的层面宏观些,而管理的层面微观些。领导者的任务是确定发展方向,而管理者的任务是明确发展路径。

当代著名领导学家哈佛大学约翰·科特教授指出,管理是计划、预算过程的确定和详细的日程安排,调拨资源来实现计划,而领导是确定经营方向,确立将来的远期目标,并为实现远期目标制定进行变革的战略。为了更好地说明这一区别,科特在《变革的力量:领导与管理的差异》中,做了一个非常形象的比喻:一群工人在丛林里清除矮灌木,他们解决的是实际问题。管理者在他们后面拟定策略,引进技术,确定工作进程和补贴计划。领导者则爬上最高那棵树,巡视全貌,然后大声地说:嗨,伙计们,我们要砍的不是这片灌木丛! 由此可见,作为领导者,需要时刻保持抬头看路的方向意识。

除了层面的不同之外,领导与管理的区别还体现在运作指向上。领导的活动指向未来,追求变革与创新,而管理的活动更多地指向现在,追求秩序与一致性。对于新建本科院校来说,理想的校长应该是领导型的管理者。作为一个新建本科院校的校长,既要善于管理,又要善于领导。

2.职位影响力还是个人影响力

当代管理大师彼得·德鲁克认为,领导者的唯一定义是他的身后有跟随者。在管理学界,人们也越来越倾向于把领导力定义为一种影响力。对于新建本科院校的校长来说,领导力的一个基本标志就是自己有多大的影响力,自己的管理意图能够在多大程度上为全校师生员工所接受和贯彻落实新发展理念能够在多大程度上影响人们的行为和学校的发展。

一般来说,影响力有两种,即职位影响力与个人影响力。前者与等级链条中的某个节点紧密联系。在其位,则有其力;不在其位,则失其力。后者与个人的人格魅力紧密联系,是由于某种人格特质而产生的一种影响力,与所处职位无关。作为一种学者云集的教育场所,新建本科院校校长的影响力更多的是来自自身的人格魅力,而不应该仅仅来自职位权力。由于人格特质不同,完全可能出现处于相同等级链条上的两位领导的领导力大相径庭的现象。

3.传统权威还是法定权威

德国社会学家马克斯·韦伯指出,任何组织都是建立在某种权威基础上的。传统权威来自习俗、惯例、经验、祖训等,下级对上级的服从主要取决于他们对某种传统规则的尊崇,传统权威的本质是"顺从"。法定权威建立在相信规章制度和行为规则的合法性基础之上。法定权威以规则为统治的出发点和最终的归宿点,只有根据法定规则所发布的命令才具有权威,人们普遍遵守规则、信守规则,规则代表了一种大家都遵守的普遍秩序。法定权威的本质是"理性"。

作为现代大学的校长,必须具有法治意识,只有自觉地把自己的行为严格限定在法律允许的范围内,个人魅力的发挥才不至于迷失方向,才能保证自身的领导力不断得到完善和加强。

(二)人性假设

不管有意还是无意,领导者的所有领导行为都是建立在对领导对象的人性的某种假设的基础上的。正是对人性假设问题的不同理解,才产生了不同的领导风格。从根本上说,领导力的大小,正是基于人性假设的正确与否。从领导思想发展史的角度,共有下述几种典型的人性假设。

(1)"经济人"假设。英国古典政治经济学的杰出代表亚当·斯密认为,人是经济利益的追求者,本质上是自私的,是受利己心驱使的。人们主观上对经济利益的追求,会在客观上造成质量行为的出现。"经济人"的本质是理性人。

(2)"社会人"假设。哈佛大学的梅奥教授认为,经济利益的获得与作业质量的改善,并不是一一对应的线性关系。除了经济利益之外,人们往往还有社会、心理的需求。管理的关键在于提高管理对象的满意度,提高其士气。"社会人"的本质是情感人。

空想社会主义者罗伯特·欧文在19世纪初提出了"环境人"的人性假设,认为人是环境的产物,管理的关键不是消极地监督、惩罚管理对象,而在于营造一种环境,潜移默化但却可以根本地改善管理对象的作业行为。

(3)"自我实现人"假设。这种人性假设认为,除了社会需求之外,人们还有一种充分运用自己的能力、发挥自己才智的欲望。人总是希望做成一件自己力所能及的事,追求一种成就感与胜任感。因此,人是自动、自发而且能自我克制的。外在的命令、控制,有时反而会引起反感,使人感到一种威胁而无法适应。

（4）X－Y理论。20世纪50年代，麦格雷戈对历史上的人性假设做了概括与总结，提出了X－Y理论。X理论从悲观否定的角度来看待管理对象，认为人们天性是逃避工作的，没什么远大抱负，怕负责任；Y理论从乐观与肯定的角度看待管理对象，认为人并非天生厌恶工作，在适当的条件下，不仅接受而且实际上会主动地寻求责任，充分发挥其潜在能力。

（三）新建本科院校领导情境分析

现代领导情境理论认为，领导行为是情境变量的函数。从实践层面来说，加强新建本科院校领导力建设，必须对领导情境问题进行考察。

1.新建本科院校与传统本科院校的区别

新建本科院校的兴起，是中国高等教育发展过程中的大事件。作为一种对市场需求的教育回应，新建本科院校迅速兴起，蓬勃发展。

新建本科院校的名称多样，但是纷繁复杂的名称背后，"新建"是对这类本科院校的基本共识。综合来看，人们倾向于认为，"新"，不仅是个时间概念，更应该是个办学模式概念。也就是说，新建本科院校应充分利用历史包袱少的天然优势，在办学模式上，做到以市场为导向，以服务谋发展，创造性地处理本科教育与职业教育的关系，走出一条贴近企业、贴近行业、贴近学业的特色发展之路。作为本科层次中与社会联系更加紧密的教育类型，新建本科院校必须把职业导向问题放在优先考虑的战略地位。新建本科院校的校长，与其说，是一个懂得运营的教授，还不如说，是一个懂得教授事务的运营官。

2.学术权力与行政权力的平衡

与其他本科院校一样，新建本科院校也存在两个权力体系：学术权力与行政权力。在某种程度上，新建本科院校校长的任务是确保两者的平衡。与传统本科院校不同，新建本科院校的权力运行系统中，行政权力的力量更加强大。学术权力在以一种不同于传统本科院校的方式发挥作用。即使是学术权力本身，新建本科院校也是有别于传统本科院校的。传统本科院校的学术探究，是基于纯粹兴趣的理论探索，而新建本科院校的学术活动,则是基于市场需求的项目化活动。作为新建本科院校的校长,必须对这一问题有一个深刻的认识。

3.领导情境分析

从20世纪40年代开始,西方领导学界就开始了对领导行为的深入研究,并陆续提出了一些有价值的领导情境分析框架。代表性的有菲德勒的权变理论、赫西和布兰查德的情境领导理论。这些理论为新建本科院校领导力建设提供了很好的分析框架。

(1)两种领导风格。菲德勒确认了两种领导风格:任务导向型与关系导向型。前者类似于以工作为中心和主导型领导行为,后者类似于以员工为中心及关心型领导行为。他还认为,领导风格是领导者个性的集中体现,基本上很难改变。领导者的领导风格可以通过 LPC(Least Preferred-Co-worker,最难共事者)量表来测定。

(2)四种情境变量。

第一,任务结构,指的是工作任务规定的明确性程度。例行性的、明确的和容易理解的,或者有章可循的任务,可以认定任务结构是明确的;复杂、无先例可循、无标准程序、含糊不清的任务,可以认定其任务结构是不明确的。

第二,上下关系,指的是领导人和其工作群体之间关系的性质。衡量标志通常是双方是否高度信任,是否互相尊重、支持或友好等。

第三,职位权力,指的是领导人被赋予与职位相联系的相关权力的情况。衡量标志通常是该领导对下级的工作分配、奖惩、职务升降等,与下级切身利益相关的各项工作的控制程度。

第四,下属成熟度。这里的成熟度,不仅是生理或者年龄概念,更是心理或工作成熟度概念。衡量标志通常是:有否取得成就的向往;是否乐于承担责任,并具有独立工作的能力相应的技术技能等。

领导情境理论认为,现实生活中纷繁复杂的领导情境,往往是以上四种情境变量不同排列组合的结果。既有四种变量都是最有利情况的理想领导情境,也有四种变量都是最不利情况的最差情境,大部分领导情境是处于两者之间的非典型情境,应该根据领导情境的具体情况,对领导方式进行权变分析,选择合适的领导风格。

这些领导理论基本构成了新建本科院校领导力建设的分析框架。改进领导效果的种种尝试,可以考虑从以上四个方面展开。

(四)领导力建设的基本内容

1.决策能力

管理就是决策,决策活动贯穿于管理活动的始终。作为一名决定学校未来发展方向的领导者,其日常工作的核心就是决策。因此,决策能力是新建本科院校领导力建设的首要内容。决策能力首先表现为一种预测能力。新建本科院校的校长必须对教育发展趋势保持高度的敏感性,仔细研究国家与区域层面教育政策的最新精神,了解兄弟院校改革发展的最新动态,消化吸收教育理论研究的最新成果,创造性地借鉴企业界领导实践的成功做法。要做到这些,新建本科院校的校长必须保持一种持续学习的能力。学习能力的高低取决于智商、情商、创造商、执行商配合默契的程度,其中,智商决定人的主张、判断、选择等优劣,而情商影响上述各项,创造商是人创造出主意的机关,执行商是负责执行新主张。这四个商相互联系、渗透,共同决定个体的学习能力。因此,要重视智商、情商、创造商、执行商的培养,以提高自己的持续学习能力。

某工业大学 2003 年升格为本科院校以来,紧紧抓住历史机遇,做出了一系列影响深远的正确决策。坚持与发扬"厚生、厚德、厚技"的校训精神,形成以市场需求为导向、以科学管理为基础、以教学质量为保证、以办学特色求发展的办学指导思想;开创了"创特色学科,树品牌专业,建精品课程,铸一流技能"的教育新格局。

学校提出了"贴近学业、贴近产业、贴近就业,培养知识型高技能创新人才"的人才培养目标,明确提出了某工业大学将在高等教育大众化发展中,坚持走多层次高等职业教育之路,切实承担起发展大学职业教育的历史使命。在实践过程中,努力做到四个坚持,即坚持面向主战场、培养工程技术应用型人才的目标;坚持产学研合作的办学特色;坚持率先改革、勇于创新的精神状态;坚持在工程技术教育中争当排头兵。学校根据定位谋发展,从创新人才培养计划的制订和实施、实验室和校内外实训基地建设、高技能师资队伍建设、教育教学质量保证、考核分配体系导向、保障服务机制等各方面,已形成完整的配套制度和措施。

2.战略管理能力

新建本科院校校长的工作指向是学校的长远发展。因此,校长还应该具有足够的战略管理能力。战略管理,在企业界已经是研究得颇为深入的课题,形成了许多研究成果。这些成果可以对新建本科院校的战略管理提供有益的借鉴。

首先,必须明确战略的准确含义。一个构想良好的战略,至少应该包括业务范围、资源配置、竞争优势与协同作用等四个方面。其次,适当引入企业界战略管理的成功做法,提高新建本科院校战略管理的科学化水平。可以引入 SWOT 分析方法与 BCG 矩阵,对各院系进行 SBU(战略事业单位,Strategic Business Unit)分析,从学校整体的角度分析确定各院系的发展战略,站在学校整体的高度对各院系进行有效协同,形成学校的核心竞争力。

3.公共关系能力

作为一种本科教育中与社会联系更加紧密的教育类型,新建本科院校领导力建设的另一个重要内容,是公关能力建设,着力塑造良好的公众形象。新建本科院校的校长,应该与教育行政部门建立良好的互动关系,准确把握教育政策的操作含义;也要定期拜访企业、社区与行业协会或中介组织的负责人,可以尝试建立学校发展理事会,邀请企业技术骨干、社区及行业协会相关负责人,就学校科学发展的重大问题献言献策,搭建学校与社会良好互动的平台,自觉主动地融入社区,自觉主动地贴近就业办学,想政府所想,急企业所急,提升自身服务社会的能力和水平。

某工业大学一贯重视校社联携、校企合作,整体搬迁新校区以后,学校加快拓展与国内外一流企业的全方位合作,积极筹建学校发展的智囊团——校教育发展理事会。在政府,尤其在新区社会发展局的鼎力支持下,通过知名企业的共同运作和积极参与,2002 年 12 月 10 日,某工业大学教育发展理事会正式宣告成立。发展理事会定期听取校务报告及学校重大事项通报,研究学校新专业开办、人才培养规格等重大方向性问题,提出决策咨询意见,筹措经费建立发展基金。

某工业大学充分利用浦东企业数量多、技术广、层次高的优势,积极探索多样化的校企合作形式。引入科技项目,弘扬企业文化;设立奖(助)学、奖教基金近十种约300万元;进行"订单式"培养,2002年以来,共培训企业急需技术人员万余人。同时,以"零租金"形式吸引企业到学校建立实习培训和产品研发基地,目前已建立研发中心,形成了校企紧密结合的格局。通过定期邀请企业技术专家到学校授课、选派教师轮流到企业进行挂职锻炼、安排学生定期见习等方式,不断推进校企产学研合作。

某工业大学还致力于校区、社区、园区的融合,推动校园文化和社区文化交相辉映,使"地域性"融合逐渐提升为"血缘性"融合,在适应和引领两个层面积极推动,改变了就教育办教育的局面,在与社会各界保持良好公共关系的同时,推动学校在新的历史起点上的更大发展。

二、高校领导班子建设案例分析

高校领导班子要根据高等教育形势发展与变化,结合学校自身情况,积极谋划学校发展战略,明确学校发展目标、发展定位与发展思路,促进学校全面、协调、健康发展。下面以某学校为例,详细说明高校领导班子建设。

(一)坚持和贯彻科学发展观,加强领导班子建设

学校领导班子执政能力事关学校稳定与发展大局,以学校领导班子带动和影响学校发展,办好让人民满意的高等教育。以学校领导班子建设推动学校事业发展,完善学校管理水平,深化体制机制改革,不断推进学校的内涵建设。

1.把握学校的办学方向

学校的根本任务是培养人,中国特色社会主义建设需要数以千万计的专门人才和高素质劳动者。这就要求学校领导班子从办好教育关系国家兴亡的高度,深入思考如何办好人民满意的教育这个课题。同时,要深入研究学校发展中的矛盾和问题,研究高等教育发展规律和办学规律,创新教育思想、教育目标、教育制度和教育管理,丰富和发展高等教育理论,使

学校领导班子成为高等教育的行家。

加强学校领导班子的理论学习,是班子队伍建设的核心内容。把学生培养成为社会主义事业合格的建设者和可靠的接班人,需要从领导班子到任课教师,都要重视思想理论的建设和学习。保证各级干部的思想建设,就保证了学校的办学方向,保障了学校人才培养目标的实现。

2.重视德育教育,把握人才培养的目标

通过学习,学校领导班子深刻认识到,高校一定要把德育工作放在首位。学校认真贯彻教育部关于思想政治理论课的改革,积极落实各项课程的教学方案,通过第一课堂确保党的理论、方针和政策在大学生中得到贯彻。同时,积极推进思想理论课实践环节的教学,使第一课堂和第二课堂形成良好的互动。

学校领导班子还十分重视辅导员队伍建设,大力推进辅导员队伍的专业化、专家化建设,通过思想政治专业技术职务聘任制度实施、心理健康教育与咨询区域示范中心建设、思想政治教育研究平台的搭建、加强职业素质、能力和资质培训等政策和措施,为辅导员队伍建设工作提供了体制和机制保障,营造了各级领导重视辅导员队伍建设的良好氛围,使辅导员队伍建设工作收到了良好成效。学校经过几年的努力,已形成了一支素质优良、结构合理、专兼结合、专职为主的辅导员队伍。

3.推进全员育人,营造人才培养的良好环境

学校积极推进全员育人工作,在全校教师和干部中推行师生联系制度,要求每位教师和干部联系2～3名大学生,关心指导大学生成长,帮助大学生解决学习、生活和就业中存在的各种困难。通过师生联系制度的实施,在全校教师上下形成了育人大中心的良好氛围,在就业形势十分严峻的情况下,学校连续多年保持了较好的就业率,毕业生受到了社会和企业的欢迎。

(二)以破解学校发展难题为重点,加强领导班子能力建设

学校领导班子能力建设主要体现在提高驾驭全局、科学决策的能力,化解矛盾、解决自身问题的能力,经营学校、领导发展的能力,以及应对突

发事件、处理危机的能力。

1.加强科学决策,提高领导班子驾驭全局的能力

一是重视领导班子的民主决策程序,实行重大问题由领导班子集体决策,提高决策效率。决策中遵循教育教学规律,以师生为本、以教学为中心、以科研为先导、以学科建设为龙头,正确处理好工作重心与工作中心的关系,处理好人才培养、教学工作与其他工作的关系。

二是针对学校发展的难点和焦点问题,经常深入教学第一线,深入实际,倾听呼声,了解师生意愿,集中师生智慧,厘清工作思路,把握工作重点,创造性地开展工作。

三是切实重视师生的利益。凡是涉及教职工、学生利益和实际困难的事情,竭尽全力办好。

四是充分发挥教代会、工会和学生团体在决策中的作用,充分听取他们的意见,使领导班子的决策更加民主、更加科学和更加合理。

2.明确工作重点,提高领导学校发展的能力

当前,学校正处于发展的关键时期,也正处于一个重要的转型期。这主要表现在以下几个方面:第一,学校面临着整体搬迁,不仅有校园建设资金的压力,更有大量的思想政治工作要做;第二,学校正在大力拓展学科建设,多学科协调发展还需要进一步巩固和提升;第三,学校人才队伍建设和人事制度改革还需要不断深化,尽管学校的师资总量已有所增长,但质量和结构的提升与转变,仍然是一个非常艰巨的任务;第四,过去长期由农业农村部领导,学校发展与经济、社会发展的结合和融合还很不够。

面对这些问题,学校领导班子逐一进行研究,制定相应措施。

(1)领导班子成员每学期都要到学院进行一轮调研,参与学院中心组的学习和讨论,针对各学院发展中的突出和关键问题,指导各学院开展工作。

(2)在全校各个层面中,开展各种形式的研讨和座谈会,针对教学、科研、人才队伍建设、职务聘任与考核、服务社会等多个专题,集中全校教师与干部的智慧和力量,推进各项工作的深入开展。

（3）针对各项重大工作，如搬迁工作、校庆工作等制订专门方案，成立专门机构，确保顺利实施。

（4）在重大问题的决策过程中，充分调动和凝聚各方的力量，发挥各级工会、共青团组织和离退休教师的作用，形成推动学校发展的重要合力。同时，学校根据社会发展的需要，不断调整专业与学科结构，积极服务社会，主动融入经济和社会建设，在服务社会中积极争取政府、企业和社会各界对学校发展的支持。

3. 抓住发展主题，提高处理解决复杂问题的能力

为强化发展意识，在全校树立这样的理念：一是不进则退，慢进也是退；二是要用发展的眼光看待发展中的矛盾，用发展的办法解决学校发展中的问题；三是要解放思想，实事求是，与时俱进，开拓创新，抢抓机遇；四是厘清发展思路，明确发展方向，通过集思广益，科学合理地确定各阶段发展的主要任务。

学校推行了新一轮教学改革、人事制度改革、考核与分配改革，并在全校推行任期目标责任制，通过不断深入推进综合改革，充分调动了广大教职工的积极性和主观能动性，使各种深层次的问题和矛盾得以有效解决或缓解，为学校发展营造了一个良好的外部环境和氛围。

（三）以制度建设为抓手，完善领导班子决策机制建设

坚持民主集中制，坚持集体领导、民主集中、个别酝酿、会议决定，这是领导班子制度建设的核心。

第一，坚持和完善党委领导下的校长负责制，坚持党委统一领导，书记"统揽不包揽，放手不撒手"，支持校长依法行政，相互配合支持，团结共事。

第二，切实发扬民主，让每位班子成员充分发表自己的意见，正确处理好正职与副职之间的关系，使领导班子成为既有分工又有合作的整体。

第三，不断建立和完善科学、民主、高效的内部议事规则和决策机制等民主集中制的各项领导制度及工作制度，从制度体系上有效保证民主集中制的正确执行，提高学校领导班子的科学决策水平。

第四，以民主生活会为重点，严格学校领导班子内部的政治生活。坚持学校领导班子民主生活会制度，不断提高民主生活会质量，形成"心齐、

劲足、气顺"的良好局面,促进班子的团结和整体效应的发挥。

完善领导班子决策机制,必须要有制度来保证。为此,学校先后制定了《校党政领导的八项工作制度》《关于贯彻党内民主集中制的若干意见》《关于推行党建工作责任制的意见》等一系列文件,使各项工作制度化、规范化。先进性教育活动中又进一步完善,以进一步规范议事程序。保证决策的科学性、准确性,并积极推进校务公开,形成了重大事情向教职工报告制度,自觉接受群众监督,增加工作的透明度。

在实际工作中,学校还主要抓了四方面的制度建设。

一是坚持重大问题由校领导集体讨论的制度,健全党内组织生活制度和民主生活会制度。

二是加强领导班子的团结协调,正确处理好贯彻民主集中制原则中的各种关系,在制度中要求班子成员做到相互补台不拆台、相互支持不扯皮。

三是大力推进校务公开、政务公开,制定信息公开制度,明确公开内容、程序和方案,重点推进干部任命、职务聘任、考核分配等各项政策、制度实施程序及其结果的公开。

四是加强民主管理、科学管理,不断推进校、院两级管理体制建设,充分调动二级学院自我管理、自我发展的办学积极性和主动性,不断提高二级学院的办学活力。同时,学校还通过定期举行党代会、教代会和学代会等形式,保证了广大党员、教职工及学生对学校的重要决策和管理行为的知情权和话语权。

(四)完善领导班子监督和约束机制,提高拒腐防变能力

学校当前正在推进新校区的建设,工程建设任务重大。学校领导班子特别重视廉政建设。党委认真组织领导班子成员学习《中华人民共和国高等教育法》《中华人民共和国教师法》《中华人民共和国宪法》等有关法规,不断提高班子成员依法治校的意识;认真贯彻《党政领导干部选拔任用工作条例》,积极推行公开选拔、竞争上岗的新机制,使干部选拔任用工作在规范化上有了明显的改进;积极结合学校实际,建立健全各项规章制度,涉及学科建设、教学管理、科研管理、人才和师资队伍建设、财务和国有资产管理、干部人事管理、党建和思想政治工作、精神文明建设、安全稳定、后勤

服务与管理、文件处理和档案管理、校园网络管理等各个方面,使学校各项工作基本做到了有章可循,有规可依。认真贯彻有关规定,在基建中,领导班子成员不得插手招投标等项目,确保工程有序推进。

同时,在领导班子中认真开展党风廉政建设教育,提高领导干部拒腐防变的能力,明确责任制,落实《建立健全教育、制度、监督并重的惩治和预防腐败体系实施纲要》,不断加强干部队伍思想作风、工作作风建设,不断解放思想,为学校快速健康发展提供强有力的保障。

在全校师生的共同努力下,学校取得了长足的发展,已经成为一所办学特色鲜明、多学科协调发展的现代化高校。2000 年以来,学校实现了三个重要的转变。

一是实现了由单科性高校向多科性高校的转变。学校已从一所以水产为主的单科类高校,逐步发展成为以水产、海洋、食品等特色学科为主,农、理、工、经、文、管等学科协调发展的多科性高校。学校具有从博士后流动站到本、专科教育完备的学位体系,形成了以国家重点学科、农业农村部、教育高地为主体的特色学科体系。

二是实现了由千人高校向万人高校的转变,学校目前拥有 12 个学院,在校各类本专科生 12 000 余人、成教学生 5 000 余人、研究生 1 000 余人。

三是实现了由教学型高校向教学研究型高校的转变。目前,学校承担了近百项国家和地方重大科研项目,获得了一批国家和省部级重大科研成果。

学校的三个转变,为今后的健康发展提供了良好的基础,特别是学校始终坚持以产学研合作为抓手,以服务社会和服务“三农”为宗旨,走出了一条地方院校依靠特色求发展的路子。现在学校的教学科研水平显著提高,办学层次和综合实力不断提升,社会知名度和影响力日益扩大。

(五)从实际出发,确立并校之初干部队伍平稳过渡的工作原则

并校初期,干部情绪不稳、波动明显,干部问题棘手、复杂和敏感。干部不稳,则学校不稳。面对合并、磨合的繁重任务,学校党委确定了“抓住机遇、稳中求进、稳中求变,有所为有所不为,适应合并、适度发展”的工作方针,稳定三校干部队伍,强调既要树立大局观点、增强一校意识“推掉山

头",又要承认现实、平衡关系,并适当"考虑山头"的工作思路,有效保护和尽力调动干部的积极性。

1. 机关层面

学校刚刚合并,民主推荐的时机尚未成熟,处理不当,还会诱发小团体意识。党委及时采取措施,整合机关干部。

第一,学校合并使原三校的副校级干部从原来的校级岗位改变为中层干部。

第二,进行自选转岗,鼓励部分干部从自身实际情况出发,慎重选择新岗位。鼓励具备教学资格的干部归队,保留职级。

第三,实施分流待退,精减人员。制定并推出切实可行、以人为本的待退休制度,分流人员达 386 名。

第四,提出并实施"先组合、后优化,尽快到位、良性运转"的原则,从合并初期的实际情况出发,先确定以副代正,主持各部门工作的负责干部。

以上措施保证了干部队伍的平稳过渡,确保了学校各项工作的正常延续,实现了"思想不乱、队伍不散、工作不断"。

2. 系部层面

按照优化组合、归并提升的思路,对原三个校区的专业,根据本科院校学科专业设置,重新组建 14 个系部。党委按照有关条例,对系部干部进行整合。

第一,组织调查小组,对原三个校区的系部党政负责干部进行测评,并推荐书记和主任的人选。

第二,在校内公开招聘干部,党委委员集体逐个听取应聘者的自我介绍和工作思路。

第三,根据民主测评和民主推荐的情况,在充分听取意见和考察的基础上,确定各系部的党总支书记和主持工作的常务副主任,并在院内首次采用任前公示的做法。在系部党政班子组建工作中,由于各系和教学部门,始终把稳定合校过程中的教学秩序作为重要工作来抓,从而保证了三个校区教学工作的正常、稳定。

(六)聚焦学校发展战略,通过改革不断优化干部队伍

1.优化组织机构

按照本科院校的要求,学校对机关和各系(部)机构进行了初步调整,确定了全院设置 16 个职能处室、2 个群众团体和 14 个系(部)的框架结构,下移了管理重心。随着学校发展的不断深入,为适应发展需要,党委决定进行管理体制改革,在全校实施两级管理体制与运行机制。两级管理运行机制日趋完善,为高校进一步深化教育教学改革创造了条件。按照《中华人民共和国高等教育法》和党的基层组织工作有关条例,确定二级组织职责,明确二级组织党政的岗位定位和工作职责,通过培训增强岗位意识,党政各司其事,共同负责,形成合力。

2.逐步优化干部队伍

按照"把好方向、出好主意、用好干部、抓好大事"的要求,坚持实施人才强校战略,通过出台一系列制度和条例,连续不断地实施三轮中层干部聘任,逐年完善优化干部队伍结构。

第一轮中层干部聘任着重稳定整合,基本形成本科学校干部队伍结构框架。经过一年的实际工作考察,不失时机地进行了第一轮中层干部聘任工作。初步建立了中层干部聘任程序,增强了干部的竞争意识、责任意识和服务意识,改进了工作作风,提高了工作效率,确保了新建学校各项工作走上新路程。经过第一轮聘任,干部平均年龄下降三岁,人员精简 26%,干部队伍的学历层次、学识水平和年龄结构都得到一定调整。

第二轮中层干部聘任着重提升层次,使干部队伍满足本科院校发展的需要。结合学院特点,制定学院党政领导干部选拔任用若干意见,健全了干部任用配套措施,尤其对干部的学历和职称要求做了明确规定,提出更高要求。拓宽用人渠道,大胆从优秀教师和新引进人才中,选拔出近 20 位既有教学专长又有管理水平的中层干部,为学校中层干部队伍注入了生机与活力,带来了学校发展的新气象。机电学院由原三校的六个系合并而成,规模庞大,占学校总量 1/5。学院矛盾复杂,平均每两年就要换一个院长。学校从引进的高级人才中,提拔了一名具有重点高校管理经验的年轻

博士教授担任院长,终于使这个学院逐步走上稳定的发展之路。学校聘任由福州高校引进的博导教授,担任由两个系合并而成的土木建筑与安全学院院长,使该学院的学科建设和教学发展都有了明显起色。

第三轮中层干部聘任立足可持续发展,全力完成两大历史任务,即迎接教育部本科教学工作水平评估和完成奉贤新校区建设。发展事关学校兴衰,新建本科院校承担着外延拓展和内涵发展的双重历史任务。为顺利完成这两大十分艰巨的历史任务,确保学校可持续发展,党委把着力点放在保驾护航和选拔培养年轻干部上。党委从教学部门选配得力干部,组成教务处等重要部门的新班子。在本科教学和迎评促建工作中,这些干部不辱使命,甘于奉献,成绩显著。党委决定对一批经验丰富的干部,破除年龄界限,延续任用,确保迎评促建工作正常开展。选调工作勤恳、自律出众的干部担任基建处长,连续输送年轻处级和科级干部充实基建队伍,并在每个项目组选派党务干部参加整个管理工作。

通过第三轮干部的聘任,新上任干部 18 名,增长 7.87%;平均年龄降低 2.4 岁。

(七)拓展干部培养渠道,不断完善干部队伍建设

1.发挥党校优势,开展持之以恒的教育

一是岗位培训,新上任的干部必须进行岗位培训,让他们知道做干部的基本知识。

二是任期培训,坚持干部在任期内必须进党校集中学习的制度,举行专题研讨班和培训班,了解党的路线方针和学院重大改革政策,引导干部围绕学院改革和发展全局,同心同德,努力工作。

三是工作交流,头脑风暴,及时总结各部门先进经验,组织干部在不同层面进行交流,以点带面,共同提高干部水平。

四是借助上级党校的资源优势,培训干部。

2.轮岗锻炼,培养干部

为落实改善干部结构的目标,党委积极鼓励优秀教师应聘各级领导岗位,并给予政策上的倾斜。为提高干部的综合素质,党委坚持多岗位培养

干部,让干部在不同岗位积累经验,丰富工作阅历,开阔眼界。干部轮岗已成为学校干部培养的一项重要制度,每次干部聘任中,轮岗干部的比例都占 25% 左右。

3.挂职锻炼,在实践中考验干部

一是外派挂职锻炼,赴兄弟高校、各类企业和政府机关等,在全新的岗位上丰富领导工作经历,在复杂的环境中增强破解难题的能力,着力提高处理复杂矛盾和解决实际问题的能力。

二是担任部门正职助理以及在校内挂职锻炼,了解和熟悉校情,学习管理方法,提高观察问题、分析问题和解决问题的能力。

三是直接参与学校重大任务,在最艰巨的一线磨炼坚忍不拔的意志,提高应对突发事件的能力。

4.创造条件,国外进修

干部走出国门,学习和感受国外先进的办学理念与管理手段,开阔眼界,拓展思路,提高对工作的前瞻性思考和对有效性的把握,并与自身业务水平和科研能力提高结合起来,获得双赢。

(八)严格任用程序,为建设高素质干部队伍提供制度保障

党委坚持"党管干部"原则,把"集体领导、民主集中、个别酝酿、会议决定"的原则,落实到任用干部的各个环节。常委会讨论干部问题时,要求每一位常委充分发表意见。在形成干部任免方案的过程中,充分听取党委和行政分管领导的意见。在将拟任人选提交常委会前,召开纪委和组织部联席会议,就拟任人选的廉政建设提出意见。在决定任免时,采取票决制,尤其是对中层党政正职的全面聘任或任命,始终坚持由党委全委会无记名投票表决确定。

1.发扬民主,规范程序

《党政领导干部选拔任用工作条例》颁布后,党委结合学校特点,制定了学院党政领导干部选拔任用若干意见,健全了干部任用配套措施,使干部任用工作更具操作性,以保证进一步科学化、民主化和制度化。

具体实施中,重点把握以下三个关键环节:

第一，注重群众意见。党委坚持充分发扬民主，走群众路线，倾听群众呼声。在第三轮干部聘任中，对82个岗位的拟聘干部，访谈群众1183人次；在党总支改选中，对18名正副书记的候选人，党内外访谈200人次。其间，有1名拟任干部的群众公认度较低，党委适时做了调整。

第二，重视民主推荐。党委坚持组织推荐、群众推荐和个人自荐，有效地提高群众参与干部选拔任用的程度，增加选人用人的透明度。每次干部聘任，党委都组织上千人次的民主推荐。

第三，坚持任前公示。每次聘任，所有拟任人选的基本情况及照片全部张贴在外，接受大家评议，教职工称之为"晒太阳"。对群众有关干部任用的来信，分别由相关部门进行调查。同时，坚持组织部门和纪委联席会议制度。

2.引入择优机制，营造竞争氛围

干部任用过程中，党委还采取竞争上岗、试用制和任期制等做法，促使优秀人才脱颖而出。在一轮中层干部聘任中，有5位干部竞聘同一个岗位。近年来，学院有60多位优秀青年干部通过竞争，走上处级干部岗位。新上任干部必须通过试用期的考察。但是，党委不求全责备，看主流、看潜力，用人所长，敢于破格使用特别优秀的干部。

在第二轮干部聘任中，党委选拔了一批教授担任系院部领导，并在岗位上加以关心和扶植。工作能力强、群众公认度高的，由试用转为正式；民主测评成绩不佳的，进行降职转岗。试用期的择优竞争机制，有效地调动了干部的积极性和创造性，增强了干部队伍的整体活力。

建立干部"下""出"机制。党委以人性化管理为本，建立一套适应形势发展要求的干部"下""出"机制。例如，处级干部不担任领导职务后，可以有半年调整期，其间保留原级别待遇不变；因年龄关系不再担任领导职务的处级干部，如果任职年限满四年，则在调整期后还可以改为相应的调研员。

（九）关注潜力和持续发展，进行前瞻性思考研究

1.着眼长远，丰富源头

党委坚持后备干部每两年进行整体调整，调整时对原有后备干部进行

民主测评。同时,开展新一轮推荐工作,通过组织部门考察,最终由党委讨论确定。后备干部数量一般按照领导班子职数 1∶1 的比例确定,全校中层后备干部队伍保持常量。

2.动态管理,跟踪考察

设立后备干部个人成长档案,所在部门党组织安排合适岗位,加强对后备干部的培养,每半年向党委组织部门报送其思想工作表现情况。每年年底由组织部门会同所在部门党组织,对后备干部进行一次考核,特别是就其工作实绩进行分析。建立中青年知识分子联谊会,把一批高学历、高职称的中青年教师会聚起来,为他们脱颖而出搭建平台,促使他们又好又快地成长。

三、以督查工作促进学校科学化管理案例分析

督查工作从本质上讲,是领导工作的延伸。在学校工作中,它促使各级认真执行上级的各项决策,学校党政研究布置的工作得以有效贯彻、落实,各类重点、难点问题得以及时处理,各类政策、措施的实施情况得以及时反馈。某金融学院党委办公室、校长办公室(学校是两办合一,以下简称"办公室")在学校党政领导和各部门的支持配合下,紧紧围绕学校的中心工作,在推动决策落实上下功夫,重管理,讲方法,求效率,见效果,防止和克服形式主义,积极主动、扎实有序地推进督查工作,积累了一定的经验,取得了一定的成效。

(一)对做好督查工作的基本认识

思想认识到位、加强制度建设、做好服务沟通,是做好督查工作的三个重要方面。

1.思想认识到位

全校上下对督查工作的认识到位,是督查工作顺利推进、形成上下联动、确保学校各项工作部署、顺利完成的基础保证。督查工作是学校工作的重要组成部分,是保证学校决策顺利有效实施的重要手段,是提高工作效率的有效措施,坚持经常地、认真地、实事求是地督促检查,对于了解情

况、改进作风、发现问题、堵塞漏洞、总结经验、加强管理,具有很大的促进作用。学校升本后既有各种发展机遇,也面临各种挑战。学校督查工作要紧紧围绕学校的工作中心,突出督查重点,改进督查方法,加大督查力度,增强督查实效,为推动学校重大决策、重要工作部署的贯彻落实提供优质高效服务。全校上下都能深刻认识到督查工作的重要性和必要性,抓机遇、抓落实、求实效、促发展,成为全校上下的共识。清醒的思想认识,为督查工作顺利有效开展夯实了基础。

2.加强制度建设

督查工作是一项系统工程,除有一定思想认识做基础保证,还需要完善的运行机制予以保障。2004 年下半年开始,学校派人陆续到有关高校取经学习。2005 年上半年,某市科教党委专门下发了文件。借此东风,学校根据文件精神,借鉴兄弟高校的经验并结合学校实际,明确了学校督查工作的目标任务、主要内容、工作程序和要求,以及落实责任制的具体规定,包括责任制度、检查制度、报告制度和通报制度,为规范开展督查工作提供了必要的制度保障。这样,学校的督查工作起步即规范有序,各部门有章可循,办公室督查有据可依。

3.做好服务沟通

督查工作牵涉学校的方方面面、上上下下,办公室督查人员放下姿态,与各职能部门在一个层面上进行沟通协调,并指导、帮助解决一些具体问题,积极做好各项服务。共同推进督查事项的完成,以此赢得各职能部门的理解支持。

第一,交任务,完善督查工作责任制,坚持领导负责、分级承办的原则,明确办公室主任是督查工作的责任人,各部门负责人是本部门的第一责任人,形成一级抓一级的工作格局。

第二,做服务,既要明确部门文书管理员的督查职责,又对其工作进行指导,定期培训,及时交流。

第三,常沟通,根据不同类型的督查事项,分不同层面进行沟通,并及时了解或协调解决一些瓶颈问题。督查秘书则经常与部门的文书管理员了解文件、领导交办等专项事项的落实情况。办公室与各部门之间通过多方面的经常性沟通,增进理解配合,确保学校各项决策和重要工作部署真正落到实处。

(二)督查工作的主要做法

根据学校决策运行系统的要求,办公室将学校督查工作划分为四大类:一是学校党政年度工作计划的计划督查;二是上级和校党政重要会议精神和决策事项的落实督查;三是各类文件及领导批示落实情况的文件督查;四是领导交办事项,学校领导和群众关心的热点、难点问题,信访和稳定工作等方面的专项督查。办公室以"五个结合"为着力点,稳步有序地推进督查工作。

1.坚持督查工作与日常工作相结合,努力提高工作效率

根据工作性质和人员实际情况,办公室将督查工作与日常工作开展相结合,办公室主任作为督查工作责任人,其他工作人员对各自所负责的工作开展相应督查,做到办公室内部督查工作全覆盖。在日常工作中,注意把握督促与检查两者的关系,不仅要督促"是否办"与"何时办",还要检查"如何办"与"办得怎样"。积极发挥领导支持、两办合一的优势,加强与各部门的联系协调,不断提高督查工作的效率和影响力。

2.坚持全面督查与重点相结合,及时做好立项分解

(1)办公室将学校年度工作计划的落实,列入全年重点督查。计划经学校党政相关会议讨论通过后,办公室即根据各项工作的性质,明确主办部门与协办部门,明确时间节点,并强调主办部门牵头负责制。计划的分解立项表由分管领导审阅和书记、校长审定签发后,正式行文下发各部门,这也是办公室全年工作计划督查的起点和依据。

(2)办公室把握其他各项督查工作的特点和规律,开展全面督查立项。一是对各类文件上领导的批示意见、批示事项和信访事项的督查,通过文件转办,通知主办部门及时落实。二是对会议决策事项的督查,根据会议要求,形成会议纪要,分解下发各相关部门并跟踪督查。三是注意把握规律开展督查立项,提高督查工作的前瞻性。

3.坚持督查工作与协调、指导工作相结合,积极开展督查跟踪

在实施督查过程中,注意发挥办公室的综合协调作用,通过督查,及时

发现存在的问题。对于部门之间因工作交叉落实不顺利的,及时报告分管领导,并协调有关部门提出解决思路或方案,报学校研究定夺;对于工作落实中的变化情况和不可控因素,通过督查掌握承办部门遇到的困难,及时报告学校领导协调解决;对于学校领导关注的工作,或者落实时间有一定周期的工作,办公室则通过督查持续跟踪,不断向领导反映进展情况。有效的协调和沟通,不仅解决了有关部门的实际问题,更重要的是,通过督查协调,各部门看到了办公室督查工作在推进落实中的作用,增强了彼此谅解,进而促进了督查工作。

4.坚持督查工作与调查研究、信息反馈相结合,认真办好信息载体

《督查专报》和《督查月报》,是办公室提供给校党政领导的、反映校内各部门落实学校重大决策和各项工作部署情况的两个重要载体。

《督查专报》按季度编印,主要反映学校年度党政工作计划落实的总体情况、完成工作取得的主要成效、分析工作特点、存在的问题等。有些项目如果出现执行落实困难、需要调整或校部进一步支持等情况,主办部门则需要做出原因分析,提出进一步抓好工作落实的建议。

《督查月报》每月 5 日印发,主要反映学校领导文件批示事项的落实情况(内外来文)、会议决策事项的落实情况、信访批示的落实情况,以及其他领导交办事项的专题督查情况,信息反馈基本保持原汁原味。

5.坚持督查工作与部门群体考核工作相结合,加大工作力度

2006 年,学校制定实施了部门群体考核办法及考核指标体系。在研究部门群体考核指标体系过程中,办公室作为参与研究的部门,在学校党政领导的支持下,将督查工作、公文处理工作等基础工作列入部门群体考核指标,占有一定的分值,从而进一步加大了督查工作力度。2006 年年底已经予以实施,部门考核结果直接与部门的绩效工资、干部考核、先进评优等挂钩。当然,此举也是双面刃,它对督查工作提出了更高的要求。目前学校认真总结经验,会同有关部门进一步完善督查考核指标,加强平时基础工作的量化积累,使对各部门的考核更为合理科学,更为有力地推动督查工作上水平。

(三)督查工作取得的成效

督查工作有力地促进了学校各项决策、措施的贯彻落实。督促检查工作确保了学校决策、工作部署及领导批办、交办事项及时落实,并取得了实实在在的效果。

督查工作有力地助推学校的跨越式发展。学校紧紧抓住"四个中心"建设,尤其是国际金融中心建设和浦东新一轮开发开放的良好机遇,深化改革。加强内涵建设,取得了跨越式发展的实绩。在这个过程中,作为促进实施跨越式发展重要决策的有力抓手,督查工作发挥着重要作用。在各有关部门共同努力下,学校相继成立了教学质量保障体系建设工程领导小组,制订了《关于学院教学质量保障体系建设工程实施计划》,修改完善了《教学督导工作条例》和评教制度,加强专业课程精品建设。一系列针对性的举措,保证了教学质量的稳步提高和办学特色的日益凸显。

督查工作保证了领导及时了解决策的执行情况,推进工作落实。督查反馈的有价值信息,有利于领导了解和掌握决策执行情况,了解决策执行的初步效果,对领导进一步决策提供了参考和依据。尤其是阶段性督查,能够及时发现重要工作落实过程中的新情况、新问题,及时反馈给领导,以保证领导科学决策,促进有关工作按期完成。

督查工作已经在为学校领导决策提供参考、改进学校管理手段、确保工作实效、促进学校发展等方面,发挥着越来越重要的作用。但学校的督查工作尚处于稳步推进阶段,还有许多需要改进的地方,对如何进一步创新工作方法、增强督查工作的实效性和有效性,加大督查工作力度,提高工作效率等深层次问题,还有待进一步实践,其他兄弟高校也有许多值得借鉴的经验。学校将在上级有关部门的指导下,进一步加强学习,勇于创新,求真务实,不断提高督查工作的质量和水平,为办好合格本科教育、建设和谐校园、夯实学校跨越式发展的基础,做出更大贡献。

第三节 高校校务公开长效机制建设

一、党政高度重视是校务公开形成长效机制的前提

在学校建设和发展中,学校党政领导十分重视与尊重广大教职工民主

管理和民主监督的权利,把全心全意依靠教职工办学,作为推进学校外延拓展和内涵建设、全面提升办学水平、创建现代化特色高校的重要举措,作为加强党风廉政建设的有效途径。

学校将教代会作为校务公开的主要载体,并不断完善教代会制度,赋予师生更多的知情权、参与权和监督权,组织教职工广泛参与学校和学院各项重大事务的决策和管理。每次教代会,学校各党政领导都深入基层,直接听取代表们的意见,同代表们共商学校改革发展大计。同时,采取多种形式,及时发布信息,主动征求和听取群众意见。

这当中,有各种会议形式,包括校党委全委扩大会、全校党政干部会、党委中心组学习会、全校教职工大会、民主党派人士代表座谈会、离退休人员学校工作情况通报会和各种座谈会等;有各种公文形式,包括各种文件、公告、通报、通知和信息简报等;有各种媒体形式,包括充分利用校报、校园网络、校有线电视台、广播站、宣传橱窗和公告栏等,使群众及时了解和掌握学校的改革与发展情况。

教代会期间,学校领导非常重视代表的提案意见,对于代表们的提案,认真研究,案案有落实,件件有答复。学校建立了《关于建立健全校领导接待日制度的通知》,使教职工有机会直接向领导反映情况,及时得到答复,密切了领导和教职工的联系,使教代会真正成为上下沟通、统一认识、群策群力、凝聚人心、深化改革、促进发展的有效形式和途径,推进了学校的建设和发展。

学校还积极探索发挥教代会在休会期间开展工作和组织活动的职能,定期组织召开代表组长联席会议,设立民主管理与生活福利两个专门委员会,使代表更加积极主动地参与学校的民主建设、民主监督与民主管理,代表教职工的利益,反映教职工的呼声,凝聚人心,构建和谐校园。

二、建章立制是校务公开长效机制建设的关键

在推进校务公开的工作中,学校应重视相关的制度建设,明确学校实施校务公开的目的和意义,校务公开的原则、主要内容、主要形式及组织领导,把涉及学校改革发展的重大决策、财务预决算、学校重大工程建设项目、干部聘任、住房补贴、领导干部的推荐与选拔、民主评议和党风廉政建

设等,纳入校务公开的内容。

校务公开工作还增加了招生入学考试、教育收费、学生学籍管理、学校帮困助学、高校就业指导、教师资格认定和教育人才引进等七项工作内容。在学生学籍管理上,为慎重起见,学校积极倡导听证制度。以专家咨询和论证等多种形式,开展校务公开工作。为切实有效地服务学生,学校应建立一站式校务公开办事制度和办事指南,设立"一站式"办事公开大厅,实行"一条龙"服务,使校务公开工作更加制度化、规范化和程序化。

在校务公开的实践中,学校把民主管理作为校务公开的重要途径,把坚持和规范民主程序作为工作重点,每年召开一次教代会,坚持校长报告制度、财务报告制度和涉及教职工利益的文件审议制度,使民主办学深入人心。让代表们以主人翁的精神,充分发扬民主,参政议政,对提出的方案做出充分审议。

三、二级民主管理是校务公开长效机制的基础

(一)充分发挥教代会的主渠道作用

在推进校务公开中,学校充分发挥教代会的主渠道作用,认真落实教代会各项职权,并把教代会作为推进校务公开的基本载体,加大对学校改革发展的参与力度。定期召开教代会,使教职工通过民主程序,积极参与制定学校发展大计,把学校改革与发展的重大决策和举措、涉及教职工切身利益等的重大问题,作为校务公开的重点,提交每年度的教代会审议与表决。校长每年向教代会报告工作,学校财务每年向教代会报告财务预决算执行情况,学校综合体制改革的八个配套文件,都经教代会代表审议并表决通过,使教代会更制度化和规范化。教代会闭会期间,学校注意发挥教代会民主管理委员会和生活福利委员会两个专门委员会的作用,每两个月召开一次会议,由校领导通报重大校情,及时听取教职工的反映。

各学院制定了民主管理制度,坚持每年召开一次教职工代表大会或教职工民主管理大会,使广大教职工有更多的参与权、知情权和监督权,畅通教职工表达意愿和参与学院管理的渠道与途径,促进了院务公开工作。

(二)积极进行二级民主管理的实践

近年来,高校以二级教代会建设为抓手,通过二级教代会加大基层教

职工民主参与、民主管理的力度。学校目前已实现了二级学院100％召开教代会的目标,并健全了二级教代会的相关制度,将学院(教学部)发展规划、教职工岗位职责、考核办法与分配办法等新一轮改革方案,和涉及教职工切身利益等重大问题,提交二级教代会审议、表决,使教职工既是制订改革方案的参与者,又是执行者。学校中已形成每年召开二级教代会的制度,较好地发挥了教职工参与民主管理的主人翁积极性和创造性,推进了学校教学科研等各项工作。

二级教代会加大了基层教职工民主参与和管理的力度,较好地贯彻了学校教代会精神,抓住学院发展这一教职工关注的热点。讨论的议题与教职工切身利益密切相关,得到了广大教职工的积极参与,也完善了二级学院的改革方案。

四、校务公开长效机制的组织保障和执行机制

学校高度重视管理程序的科学性和公平性,进一步完善各类管理和决策运行程序,健全党政联席会议和校长办公会议工作体制,建立并健全领导、专家与群众相结合的民主决策、民主管理和民主监督的体制与机制。

(1)为切实加强对校务公开的领导,学校成立了校务公开领导小组,负责校务公开的领导、组织和实施。领导小组组长由党委书记担任,副组长由分管校领导担任,成员由党委办公室、校长办公室、工会、纪委(监察处)、人事处、教务处、学生处、研究生处、财务处、资产管理及保障处、招生办公室、成人教育学院和教职工代表等职能部门负责人组成。

(2)校务公开工作领导小组下设办公室,负责处理校务公开的日常工作,办公室设在校长办公室。

(3)校务公开工作领导小组下设信息反馈办公室,负责监督校务公开的日常工作和信息反馈,办公室设在工会。

(4)各部处由专人负责落实业务范围内校务公开的相关事项。

五、校务公开长效机制形成的特色

(一)重视发挥工会在校务公开工作中的积极作用

学校在推进民主管理和校务公开工作中,重视发挥各级工会组织的作

用,通过工会联系教职工群众,把广大教职工最关心和最需要解决的问题,及时反映到党政领导。为发挥工会在校务公开中的作用,明确要求部门工会主席参加会议,制度上保证了工会干部有更多的发言权。这有助于工会就学院制度、骨干选拔与培养、教职工奖金分配和福利待遇等问题,代表教职工提出想法和意见,使党政领导的主导性意见得以完善。同时,工会干部可以进一步了解校情和院情,有针对性地做好群众工作,营造人人关心、人人参与的局面,齐心协力实现学校与学院的发展目标。

(二)以"三个相结合"稳固校务公开长效机制

经过实践,学校在民主管理建设和校务公开等方面已初步形成以下制度:上半年召开校教代会,总结过去一年的工作,规划新一年的目标;下半年召开二级教代会,贯彻学校教代会精神,修订有关实施办法。在此基础上,学校形成了"三个相结合"的工作特色:一是将大会工作与闭会工作相结合;二是将学校工作统筹与学院具体工作相结合;三是将重大问题与常规工作相结合。制度化的、与工作实际紧密结合的校务公开内容,稳固了校务公开的长效机制。

学校实行校务公开以来,广大教职工依照有关法律和规定,积极参与学校及本部门的民主决策、民主管理和民主监督,促进了依法治校工作和民主政治建设,加快了管理的制度化和规范化,以及决策的民主化和科学化进程,加快了学校教学管理和改革的深入发展。

第四节　高校服务型机关党组织
长效机制建设

随着新课改的深入进行,培养具备德智体美劳综合素质的学生成为新形势下高等院校的核心教育目标。这就意味着教育不仅要提高学生智力,更为重要的是学生的德育养成,而构建高校服务型机关党组织长效机制正符合这一需求。

一、提高政治地位

构建服务型机关党组织长效机制的最终目标是培养合格的中国特色

社会主义建设者和可靠的接班人。这是关系到民族伟大复兴事业的一项重大工程,直接决定着下一代社会主义建设主体信念的坚定与否。思想政治教育的内容必须符合时代的主题,既不能牵强附会,也不能颠倒历史的进程。高校是全社会思想最活跃的地方。各种思想在大学校园中普遍存在,网络上的信息是混杂的,存在着许多具有负能量甚至政治错误的内容。这给高校党组织构建长效机制提出了一个难题。因此,党员干部自身要提高自己的政治地位,要有良好的网络素养,并掌握好学生成长和发展的方向盘。

二、建立教育学习机制

要提高教师的道德素质,必须提高教师的自我修养。首先,把教师道德教育作为高校教师的一门必修课,纳入高校教师培训和管理的全过程;其次,努力创新教育方式,积极探索教师道德教育,并邀请一线优秀教师举办讲座,用优秀教师的感人事迹鼓舞带动全体基层教职工。教师要牢固树立中国特色社会主义理想信念,准确理解社会主义核心价值观的深刻内涵,带头践行社会主义核心价值观。

三、建立多渠道服务机制

1. 坚持以生为本

学校基层党组织作为教育的组成部门之一,同样承担着立德树人的育人使命,因此高校党组织长效机制要坚持以人为本的原则,积极调动大学生的主动性,高校党组织长效机制的所有活动都要围绕大学生的安全、发展、自由等进行。高校党组织长效机制应当辅助学生培养健全人格和正确的价值观,进而帮助学生成长成才。高校党组织长效机制建设将进一步提升学生在思想政治教育工作中的主体地位,学生可以根据个人喜好选择教学资源进行学习。随着这一长效机制的不断发展完善,学生的选择余地将会大大增加。

2. 建立定期调研制度

高校党组织定期深入调查和研究基层的工作,帮助基层工作,解决实际问题,并广泛掌握服务对象的需求和建议,以保证工作发展和决策的科学性和有效性。

四、严格奖惩机制

党员干部考核的主要指标应该是服务群众工作的质量。有必要进行分类和细化指标体系,评分标准和评分要紧密结合党员的特点和实际工作的需要,切实推进党员干部精益求精、建功立业。从对机关党组织的考核来看,由于机关党组织的职责是不同的,有必要设立一个目标系统化、数据可量化的服务评价部门,突出评价的服务意识、服务能力和服务性能,以促进整个服务功能的有效发挥。完善党组织评价体系,结合群众对象评价,明确操作方式,汽重质量评估,并坚持定期检查和抽查,以保证评价的全面性和客观性。做好评估结果的应用,学校应该严格执行奖惩,使评价结果公开在一定范围内,把它们作为奖惩的重要评估依据,在党员和干部选拔任用中,充分发挥评价的导向作用。

教师的严重不道德行为应根据教育部发布的管理办法进行严厉处罚。对违反教师职责的人,追究所在学校或者教育行政机关的主要负责人的责任。建立教师道德负面清单制度,对损害国家利益、损害学生和学校的合法权益,在教育教学活动中违反党的路线、原则和政策的行为,进行处罚。

实现与干部选拔、奖励和上级利益考核挂钩,对服务工作中的不合格党员和服务工作中的不良现象进行监督,在党组织和党员中形成为群众服务的良好氛围,激励党员主动联系和服务群众。

五、建立监督约束机制

高校党组织长效机制的建设有赖于全体教师的自觉和监督。第一,学校应该建立和完善教师年度师德评价体系、师德报告制度和快速反应教师道德舆论的系统,及时研究政策措施,加强和改进教师师德的建设。第二,把师德建设纳入教育督导评价体系。建立学校、教师、学生、家长、社会广泛参与的"五位一体"教师伦理监督体系,健全学生、家长、社会参与的教师伦理监督机制。第三,教育行政部门和学校要建立便捷有效的教师伦理投诉举报平台,及时掌握教师伦理信息动态,杜绝萌芽状态下的教师伦理违法行为。

六、建立服务保障机制

　　全面实施党委领导下的校长负责制,建立高校服务型机关党组织长效机制要明确首要责任人,充分发挥基层党组织政治核心和广大党员教师的模范作用。学校基层党代会和学校群众性组织要密切配合,形成加强和促进服务型机关党组织长效机制建设的合力;要把建立长效机制与对教师生活、工作和成长发展的关心结合起来,要关心、理解和考虑教师的辛勤劳动,解决教师的合理要求和实际困难。

第六章 高校行政管理长效机制下的绩效考核

教职工绩效考核就是对教职工的工作表现与工作业绩进行评价,是高校人力资源管理的有效手段。它对调动教职工工作的积极性,加强师资队伍建设,建立有效的激励机制,具有重要的作用。

第一节 绩效考核概述

一、绩效考核的含义

绩效考核是对高校教职工工作过程中表现出来的品行、工作态度、工作能力、工作业绩的质量或数量进行评价,判断教职工与其所从事的岗位要求是否相称,从而激励和督促教职工认真履行岗位职责,积极、负责、创造性和团结协作地完成各项工作。

绩效考核是高校人力资源管理的重要环节之一。绩效考核的结果是教职工聘任、奖惩、晋升等工作的重要依据。绩效考核是一种聘后管理,是有效的激励手段,又是下一轮岗位聘任的依据。

二、绩效考核的类型

(一)按照考核对象划分

学校绩效考核可分为专任教师绩效考核、党政人员绩效考核、教学辅助人员绩效考核、政治辅导员绩效考核和中层干部绩效考核。对于不同的考核群体,有不同的考核内容与标准。

(二)按照考核时间划分

依据不同的时间界限,学校绩效考核可分为年度考核和平时考核。

年度考核是指学校按照规定的时间、内容和程序对学校教职工的绩效进行考核。通过年度考核,全面了解教职工在一个年度中所表现出的德、能、勤、绩情况,公正地评价教职工的综合素质,为教职工的奖惩、调整、调动等工作提供依据。平时考核是指学校对教职工日常表现和工作绩效进行的一种经常性评价。平时考核的时间安排较为灵活,考核的方法和程序简便易行。通过对教职工进行平时考核,可以及时掌握教职工在日常工作中的思想品行、工作实绩、工作态度等。平时考核的结果为年度考核积累了翔实的资料和参考依据。

(三)按照考核目的划分

按照不同的考核目的,学校考核可分为岗前考核、转正考核、晋升考核、例行考核、调任考核、培训考核等。这些考核是为了确定教职工是否具备承接下一任工作的能力,是一种标准能力测试。

(四)按照考核的主体划分

这种考核主要分为上级领导考核、自我考核、同事考核、下级考核、专家考核与综合考核。该种考核综合了教职工周围工作关系的整体评价,考核的结果较为客观和充实。

三、绩效考核的原则

学校绩效考核应坚持以下几项原则。

(一)客观公正原则

客观就是指绩效考核要以学校教职工的绩效为依据,不能主观臆断、无中生有或者编造事实。公正是指在对学校教职工进行绩效考核时,评定的条件和标准,可以因职位的不同而改变,做到以"事"为中心,不因人而改变。在绩效考核工作中,无论是对学校教职工工作数量,还是对其工作质量,都要建立在学校教职工实际工作的基础上。客观公正是绩效考核工作的基础,只有客观公正,才能使绩效考核工作收到实效。

(二)民主公开原则

民主公开是指通过有效的方式或程序,让教职工参与绩效考核工作的全过程,包括征求学校教职工意见、民主评议、民意测验,以及学校教职工加入考评机构等。

要增加绩效考核工作的透明度,做到绩效考核过程和绩效考核结果公开。同时,要允许被绩效考核教职工对绩效考核结果提出申诉,人力资源管理部门应有相应的机构和程序,保证公共部门人员此项权利的实现。

(三)注重实绩原则

实绩是指工作中的成果、效率、效益的统一体。工作实绩是学校教职工付出的劳动并为大家承认的部分,是教职工的工作能力、工作态度、工作作风、工作经验,以及实际工作的质量和数量的综合体现。

在对学校教职工进行绩效考核的过程中,要注重实绩,注重考察学校教职工在教育教学、管理工作中的实际工作成果和业绩。实绩包括所完成的工作项目、工作数量、工作质量、工作效率、荣誉奖励等。

(四)定性与定量相结合原则

学校教职工的工作绩效,虽然能够说明一定的问题,但是仍具有局限性。在绩效考核工作中,要坚持定量与定性相结合,进行综合测评。

要根据工作岗位的性质和工作成果的类型,适当地选择绩效考核方法。在各种组织系统中,简单的工作较易于进行定量测量,而层次较高的,尤其是一些具有较高创造性的工作,应该更多地进行定性评定。

四、绩效考核的作用

(一)有利于发现和合理使用人才

绩效考核是学校组织发现内部人才的最基本的途径。绩效考核运用科学的方法,对人员素质和能力进行有效考核,以达到客观、全面、准确地了解和掌握被考核者的情况。绩效考核的结果,也为进一步选拔和使用优秀人才奠定了基础。绩效考核能够有效地促进学校公正、公平人才机制的形成,为学校带来生机和活力。

(二)有利于激励教职工努力工作

学校将绩效考核的结果与薪酬制度挂钩,可以达到有效地激励教职工努力工作的效果。学校通过绩效考核,为教职工制定了日常工作和行为的测量标准,从而起到了鼓励先进、鞭策后进、强化学校教职工责任感的作用。学校绩效考核工作有利于促进教职工工作的积极性和主动性,有利于提高工作效率和工作质量。

(三)为人力资源管理的其他环节提供参考依据

现代人力资源管理是以功绩制原则为导向的,工作能力和工作业绩,成为学校人力资源发展的标准和依据。绩效考核通过对学校教职工的素质和成绩全面鉴定、评价和分析,为奖惩、职务升降、工资薪酬升降、培训和辞退等,提供了客观的标准和依据。

绩效考核结果对人力资源管理其他环节的作用表现在:绩效考核结果为学校内部人力资源供给提供分析依据;绩效考核标准可以作为人员招聘的条件,为招聘工作提供参考依据;绩效考核结果有助于管理人员发现学校教职工未达到工作目标的原因,据此对教职工进行适当的培训;绩效考核结果与薪酬制度密切联系,有利于更好地激励学校教职工。一个完整的绩效考核过程是管理人员与学校教职工不断沟通、交流的过程,在这个过程中可以创建良好的工作氛围和融洽的人际关系,实现组织和谐团结,增进工作绩效。

五、绩效考核的理论与方法

(一)绩效考核的理论

1. 系统考核理论

系统考核理论是把考核对象看成一个系统,考核指标、评价权重、考核方法等,均按系统最优的方法进行运作。通过对系统之间和系统内部进行分析,许多纷扰复杂的问题变得层次化、简单化,从而达到解决问题的目的。以系统论来分析教职工绩效考核与评价问题,对提高绩效考核质量,是很有益处的。系统考核理论是按照整体性原理来评价系统的输出,而不是仅仅考核、评价工作成果的某个方面或某些部分。最优化个体的总和不等于系统最优,最优化的结果是建立好各要素的最佳组合,因此,高校教师的绩效考核要全面、系统、综合展开。

2.目标一致性理论

目标一致性理论指的是在评价系统中,应在系统目标、考核指标和考核目的三者之间取得一致,这是建立有效的绩效考核指标体系的前提条件。目标一致性理论主要包括以下几个方面。

(1)考核指标与系统总目标一致。系统存在于目标,系统输出的考核结果均体现为目标实现的程度。一是考核指标要与系统总目标在内容上保持一致。二是考核的内容要反映系统目标的整体性。

(2)考核指标与考核目的一致。考核的指标体系是一组既独立又相关,并能较完整地表达考核要求的考核评价因子。考核目的不同,考核指标也应有所变动。考核指标体现的是考核要求、考核目的的有效统一。

(3)考核目的与系统目标一致。系统目标决定了一切活动,考核工作必须服务于系统目标。考核只是一种手段,为考核而考核的活动是没有意义的。因此,考核的目的要与系统的目标保持良好的一致性。

3.定量考核与定性考核相结合理论

高校教职工绩效考核,应体现定量考核与定性考核相结合。定量考核是以统计数据为基础,利用统计数据为主要考核信息,建立考核评价模型,通过数理运算得出考核结果的方法。定量考核可以摆脱个人经验和主观意志的影响,具有相当的客观性和可靠性。但是,定量考核过程不够灵活,难以发挥人的智力对考核的作用,而且教师的活动是一项智力工作,有难以定量的层面因素。

定性考核是由考核者对系统的输出做出主观的分析,直接给考核对象进行打分与评判。定性评价容易受到主观因素的影响,评价结果的稳定性较差。因此,高校教职工的绩效考核一般采取定性考核与定量考核相结合,发挥各自优势,弥补各自不足,实现考核工作的客观性与准确性。

(二)绩效考核的方法

1.考试法

考试法是指通过考试考察教职工的思维能力、知识储备、专业技能的一种方法。考试分为笔试和面试两种。通过笔试可以检验教职工的知识面、基本技能、思维能力等。面试可以考察教职工分析问题、解决问题的能力,语言表达能力,应变能力等。一般绩效考核时采用笔试和面试相结合的方法。

2.排序法

排序法是按照学校教职工行为或工作业绩的好坏,把学校教职工从最好到最差排队,并将排队的结果作为人事决策及诊断不良工作行为的依据。排序法实质是对教职工日常工作绩效考核的积累,排序的结果依据日常的工作行为和业绩。一般来说,排序绩效考核采用多种指标。例如,出勤率、任务完成度、提升率、奖励及惩罚次数等。

3.关键事件法

关键事件法是指,在某些工作领域内,教职工在完成任务过程中有效或无效的行为。它强调的是代表最好或最差表现的关键事例。其主要原则是确定教职工与职务有关的行为,并选择其中最重要、最关键的部分来评定其结果。

4.臆断绩效考核法

臆断绩效考核法是指,上一级领导根据自己的观察与判断来考核其下属教职工的一种方法。由领导或人力资源部门列出各项绩效考核的因素和因素的相对重要性,上一级领导根据这些因素对下属进行评定。一般是按绩效考核结果的优劣依次计分,并将各因素得分相加,得出绩效考核者的总成绩。

5.目标管理法

目标管理法是管理者与每位教职工一起确定可检测的目标,并定期检查这些目标完成情况的一种绩效考核方法。

目标管理法用可观测、可测量的工作结果作为衡量学校教职工工作业绩的标准,以制定的目标作为对学校教职工绩效考核的依据。一个绩效考核期结束后,需要对目标进行回顾分析。

第二节 绩效考核的程序与内容

一、绩效考核的程序

(一)准备阶段

准备阶段包括制订计划、确定工作人员及标准等。成立临时的绩效考核委员会或小组,由学校领导、人事部门管理人员、教职工代表三方组成,负责领导全校的绩效考核工作。绩效考核标准在上一轮考核结束时,就已经制定出来,可以针对其中的内容根据需要进行相关的修改。一般来说,绩效考核的标准涉及教职工的工作计划、目标或任务书等。

(二)实施阶段

1.考核要素设计

学校教职工绩效考核是一项非常重要的工作,在正式绩效考核前,需要认真设计考核要素。绩效考核要素的设计包括总体设计、局部设计和单向设计。总体设计包括各类人员绩效考核结构设计与评价要素设计。局部设计是对某类人员测评的相关要素设计。单向设计针对某类人员的某一方面评定内容要素的设计。

2.建立考核要素指标

学校教职工绩效考核的要素涉及德、能、勤、绩、廉五个方面。这五个方面是一个有机的整体,其中,德、能、廉是教职工的业绩基础,勤、绩是工作成果的具体表现。在具体绩效考核中需要针对上述的五个方面内容进行细化,在工作分析的基础上,分解体现工作性质的因素,概括出反映工作本质的重要因素,形成绩效考核的指标体系。

3.实施考核,得出结论

依据绩效考核的指标、程序、人员配置进行考核。收集并整理出绩效考核的资料,分类汇总,加以比较,得出结果。

(三)绩效考核的总结与修正

将有关绩效考核材料归档,同时,部门要对绩效考核情况进行总结,肯定成绩,找出差距。将绩效考核结果与奖惩、晋升、培训、工资等管理活动结合起来,同时,有针对性地修正下一年度的工作计划和人力资源发展规划,保证计划的合理性。

二、绩效考核的指标

绩效考核主要是考核教职工的德、能、勤、绩、廉五个方面。不同工作岗位的性质不同,因此在具体的教职工考核工作中,考核指标的选择会有所侧重,但是,教职工的考核一定是在上述五个方面之内进行的。德是指教职工的思想政治道德素质,能是指教职工胜任现职的智能水平和业务水平,勤是指教职工工作的勤奋与敬业精神,绩是指教职工的工作成果和实际绩效,廉是指工作中的廉洁奉公意识。为了使考核具有操作性,需要对考核的指标进行细化,在工作分析的基础上,概括出反映工作本质的重要因素,形成考核的指标体系。

三、绩效考核的内容与操作

(一)专任教师绩效考核

专任教师的绩效考核是整个考核活动的难点、重点。专任教师的绩效考核指标要尽量量化,增强可比性、可操作性。专任教师绩效考核的主要内容有教师教学工作量、科研工作量、教学排序等。根据教师申请和优秀指标进行综合排序,向学院绩效考核小组推荐优秀等次差额人选。

同时,学校组织退休老教授成立教学督导委员会,通过听课、评课,检查教案、作业批改情况,给各系教师进行排序。各系领导通过量化数据,给教师进行综合排序。学院教师绩效考核小组通过各系上报的材料、报表、排序、科研成果原件进行审定。

(二)党政人员绩效考核

党政人员的工作定性多、定量少;重复性、服务性、行政性工作多,工作弹性大。因此,党政人员的绩效考核应重在"德""能"方面。可以通过行政能力职业测试和部门推荐、绩效考核小组审定、学院审批等程序进行测评。

量化测评是高校党政人员绩效考核的一种有效尝试,可以开发绩效考核量化测评软件,强化岗位管理、淡化身份管理,建设一支高效、廉洁、精干的管理队伍,体现出机关工作"高效、优质"的特征。

(三)教学辅助人员绩效考核

教学辅助人员多指各实验室人员和图书、资料等专业技术人员。实验室和图书馆是人流、物流、信息流的集散地,要把评估标准转化为人员绩效考核标准,推动实验室资源的优化重组。这类人员的绩效考核重在一个"能"字。学院可以组织"实验人员、图书资料人员岗位能力水平考试",考试内容包括实验理论、实验技能和图书资料、情报服务管理理论与操作等。通过计算机网上答题、网上阅卷,力求成绩的真实性、客观性。为了扶持、建设好这支教学辅助队伍,评优指标要单列,单独成立绩效考核小组,力争建设一支创新型、科学型、实用型的高校教学辅助队伍。

(四)学生辅导员绩效考核

根据《普通高等学校辅导员队伍建设规定》(2017年10月1日施行),高等学校要根据辅导员职业能力标准,制定辅导员工作考核的具体办法,健全辅导员队伍的考核评价体系。对辅导员的考评应由学生工作部门牵头,组织人事部门、院(系)党委(党总支)和学生共同参与。考核结果与辅导员的职务聘任、奖惩、晋级等挂钩。

(五)中层干部绩效考核

高校中层干部的绩效考核,是保证党的路线、方针、政策得以在高校贯彻落实的重要措施,体现了现代行政管理功绩制原则。高校对中层干部的绩效考核从德、能、勤、绩、廉五个方面进行。高校中层干部绩效考核的内容应简洁、实际。具体内容包括思想政治素质、组织领导能力、工作作风、工作实绩、廉洁自律等。

中层干部绩效考核要独立分类、立体化进行,可采取与本部门干部一起绩效考核、全校中层干部单独绩效考核、量化绩效考核三种方式。第一种将中层干部融入普通群众中,降低了绩效考核的条件和标准;第二种实行独立分类、立体绩效考核,能较全面地反映干部的实际情况,使绩效考核结果较客观、公正;第三种从理论上讲最理想,但在实践中很难操作。绩效考核要较好地将任期目标责任制和年度目标责任制相结合,强化绩效考核结果的严肃性和结果的运用力度,严格根据绩效考核的结果,来确定绩效考核等次。

第三节　绩效考核结果的分析与使用

学校对教职工的绩效考核是管理的一种手段,考核的目的并不终止于考核的结果。对教职工业绩等情况的评定,是为了利用考核结果的文字或数字做进一步分析,挖掘出更深层次的含义,提出有价值的综合性意见,将其运用到学校管理的其他环节中去。

一、绩效考核结果的分析

(一)考核结果的信度与效度分析

绩效考核的信度是指对同一工作岗位上工作业绩评估的标准,在不同的时期内应保持一致,不同的评估人对同一工作岗位上工作的教职工的评估标准要保持一致。

绩效考核的效度是指评估的标准要正确、合理、合法。

学校绩效考核的工作过程,不可避免地要受许多因素的影响。例如,评估者的素质、评价过程的误差、计算方法的科学性、指标选择的准确性等,这些因素都影响着绩效考核的信度与效度[①]。学校绩效考核工作要在不断总结经验的基础上,综合考虑影响评估工作的问题,提高考核的信度与效度。

---

① 乔春华. 高校管理审计研究[M]. 南京:东南大学出版社,2016.

(二)考核对象综合分析

学校要聘用经验丰富并深刻了解学校情况的专家或人力资源部门主管,依据考核的结果,对考核对象进行全面的、深入的分析,总结出综合分析报告。综合分析报告应该超出考核结果,提出对人力资源管理,乃至整个管理工作有价值的建议。分析报告的内容包括考核对象整体分析、具体类别分析、优缺点分析、原因分析、对策结论等。

(三)考核效果分析

从整体上看,一次考核会带来正面和负面两种不同的效果。学校通过可控因素,将负面效果控制在允许的程度之内,将正面效果达到最满意的状态。考核效果分析主要包括以下几个方面:教职工业绩情况、学校凝聚力情况、教职工心理状况、学校声誉等。

二、绩效考核结果的使用

学校教职工绩效考核结果的用途十分广泛。绩效考核结果的使用,是绩效考核工作的归宿和落脚点。

绩效考核结果的合理使用主要有以下几个方面。

(一)绩效考核与职务

绩效考核的结果可以用来作为职务升降的依据。通常情况下,绩效考核成绩优秀教职工的职务会晋升,相应的行政级别会提高。因为职务的升降与工资奖金挂钩,还涉及相应的权力、地位、声望等,职务晋升意味着收入增加、权力增大,对教职工具有强大的激励作用。

(二)绩效考核与培训

绩效考核的结果,往往决定了接受培训教职工的名单。一般来说,培训会针对两种绩效考核结果的教职工。一是绩效考核结果较差的教职工。通过专门的培训,提高这些教职工的薄弱环节,提升工作能力,直到适应、适合自己工作岗位的要求为止。二是绩效考核结果优秀的教职工。为了将优秀的教职工提升到更高的岗位,而进行的新岗位适应性培训,进一步提升教职工的工作能力和工作水平,为职务晋升做准备。

(三)绩效考核与薪酬

学校教职工薪酬的调整,往往要依据绩效考核的结果来执行。对于绩效考核合格的教职工,采取正常的、有节奏的薪酬变动方案。对于绩效考核成绩优秀,表现突出者,在正常薪酬变动的基础上,给予一定的奖金鼓励,或者加快这部分群体的教职工薪酬升级速度等。对于绩效考核结果较差的教职工,可能采取降薪和处罚等措施。但一般来讲,学校采用正面激励的方式为主。比如,让优秀者多涨工资,不合格者工资保持不变,用相对差距拉大而不是绝对收入减少的方式来激励。

(四)绩效考核与规划

绩效考核的结果可以用来检验和修正学校发展规划与人力资源规划。绩效考核是依据一定的学校组织目标来进行的。如果教职工能够大规模地超额完成既定目标,说明可以进一步调整学校的发展目标。如果教职工大规模地未能完成既定目标,说明组织目标的设定超过了教职工的承受能力,需要调整修改。

(五)绩效考核与教师聘任

绩效考核为高校教师聘任提供了有力支撑,聘任制应按照绩效考核流程实施。聘任工作就是充分利用绩效考核平台,激励高校教师积极开展教学科研活动,提升高等教育发展水平。教师聘任过程,实际就是教师绩效管理的一个完整循环系统。教师绩效考核评价,是教师聘用和晋升的基础,是衡量教师水平的标尺。

(六)绩效考核与档案管理

学校绩效考核的结果是被存入个人档案的。作为学校教职工自身纵向比较的依据,可以客观记录和评价学校教职工的成长历程。同时,也可以督促教职工比照过去,积极进取,不断提高。

第七章 移动互联网时代高校行政管理模式创新

第一节 管理层面

一、高校教育管理者提高自身综合素质的必然性

随着我国高等教育的逐步普及和国际化进程加剧,各高校面临着激烈的竞争,高校管理者也面临着新的任务和挑战。高校教育管理者除要承担教师应尽的责任之外,还因其管理者的身份需要承担更多特殊责任,这就要求其必须全面提升自身的综合素质。

高校教育管理者的综合素质对高校的发展和大学生的成长成才有着至关重要的影响。近年来在从事高校教育管理的这个群体中,有些管理者存在着责任感不强的现象,影响着学校的发展和大学生的健康成长成才。具体体现在:部分高校教育管理者对大学生的管理缺乏科学性,不注重调查研究工作,不注重大学生的成才规律和大学生的个性发展规律,在工作中缺乏社会责任感,缺乏持久性和稳定性,工作不得法,影响了大学生的健康成才。为了对所处的时代和所肩负的责任有一个具体深入的认知,高校教育管理者要注重自身管理能力的提高,不断地吸收新的信息,不断地实践和总结,培养良好的执行力和良好的沟通协调能力。管理能力的提高是一个学习和训练的过程,过去的知识和能力固然重要,但并不等于说我们就可以用过去的知识和能力应对现在和未来,要用发展的眼光培养自我的责任意识。高校教育管理者要注重高校教育管理方法的研究,增强自身科研素质,明确管理的目的,为管理素质的提高奠定基础。高校教育管理者

如将科研作为管理过程的先导,管理就能深入下去,就能在教育管理中不断发现问题,不断完善管理方法,不断探索新问题的发生过程,使高校教育管理活动沿着科学化、规范化的轨道进行研究实践。因此,高校教育管理者素质的提升是培养创新人才的保障。高校教育管理者的责任体现必须围绕着高校建设发展、大学生成长成才的需要。

高校教育管理者掌握着先进的科学技术和管理方法,是高校发展中一支朝气蓬勃、出类拔萃的队伍,应该努力用自己的聪明才智为高校的发展尽一分力量,为大学生成长成才服务,这是历史赋予高校教育管理者不可推卸的责任。高校教育管理者接受了正规而严格的治学熏陶,领略着各门学科的无限风光,探求着自然与社会的最新宝藏,因此有能力、更有责任和义务促进中国教育的发展,在高校竞争的舞台上一显身手,推动高校的进步。高校教育管理者要对祖国的教育和人才的培养有着高度的关注和思考,对建设中国特色社会主义教育、办好人民满意的高校有着比较深刻的理解,积极投身于高校的建设,为不断推进高校的发展而努力。

对高校教育管理者而言,不仅要注重自我发展,更重要的是要挑起高校教书育人的重担。高校教育管理者在办人民满意高校的道路上实现自身的发展和完善,并以此促进高校教育的发展和大学生的健康成才。责任感的重要性是不言而喻的,责任感的培养和增强既需要高校教育管理者本身的努力,也需要社会外界条件的帮助来共同完成。引导高校教育管理者通过实践来体现责任,积极拓宽高校教育管理者与社会沟通的渠道,提供各种各样的锻炼机会,使其能够真正接触社会,以成熟的观点认识社会现象,宣传倡导良好的社会风尚,坚决批判和抵制不良社会风气和社会现象,从而培养自身判别是非、应对复杂局面的能力。只有这样才能帮助大学生明辨是非,树立正确的政治观、人生观、价值观。

二、高校教育管理者综合素质的优化

高校教育管理者在工作中除了集思广益、博采众长之外,还应具备管理、规划、远景展望的能力。工作不能停留在表面上,必须有计划、有总结,这样才能保证执行的效果。执行过程中绝不能随遇而安,要打破因循守旧的观念,树立大胆创新的观念,自觉运用创新思维,完成高等学校的目标。

这就必须培养自我管理能力与社会责任感。

(一)注重知识更新,加强责任引导

高校教育管理者要在意识到自己责任的同时,把它升华为一种自觉的内心信念,升华为义务感,形成强烈的社会责任感。培养自我管理能力,要把高校教育管理者所具备的政治素质、业务能力、工作经验等作为能力管理的主要内容,根据高校教育管理者的具体情况和需求,有针对性地加强学习与培训,保证获得急需的工作技能和方法,促使高校教育管理者运用自己的理论优势帮助大学生成才,促进学校教育的发展。高校教育管理者作为教书育人的责任主体,具有公民的权利和意识,也必须具有办人民满意高校的责任意识,认清承担社会责任是实现自我价值的必由之路和强化构建和谐学校的思想基础。个人与社会之间既有区别又有联系,是共生共存、辩证统一的。发挥好高校教育管理者的主观能动性和创造性,使他们善于运用科学理性的思维去分析问题、解决问题,充分发挥高校教育管理者自身的优势,鼓励自我,勇于创新。青年高校教育管理者接受新鲜事物快,上手能力强,勇于创新,可以通过以老带新、亲力亲为拓展渠道,根据"求新""求异"的特点,加强对其社会责任感的有效引导,帮助青年高校教育管理者用理性的思维处理各种纷繁复杂的事物与矛盾,在实践中提高青年高校教育管理者的责任感和事业心。只有这样,高等学校才能培养出服务社会的人才,自身价值也才会得到充分体现。

(二)注重能力管理,拓展创新载体

高校教育管理者要培养健康的心理素质,锻炼坚强的品质并增强抗挫折能力。高校教育管理者在教育管理工作中常常会遇到不顺心的事情,会感到委屈、郁闷。这种心情会在很大程度上影响工作的效率和准确度,甚至使面临的情况愈加困窘,所以要注重培养自己的心理素质。高校教育管理者要有坚定的职业精神,只有对自己的本职工作付出热情和心血,才能真正把事情做好。在繁重而枯燥的工作中,高校教育管理者只有选择耐心与认真,才能不折不扣地完成教书育人的任务。孔子云:"吾日三省吾身。"如果每一个高校教育管理者都能经常对自己的表现进行反思,不断克服自己的惰性和私心,那么高校的教育管理水平就能日益提高。高校教育管理

者面对学生工作中"繁、急、难、重"的工作，要创新载体，注重能力管理，要不断去探索新方法，找出新程序，不断提高管理质量，打破因循守旧的观念，树立大胆创新的观念，注重教育的实效性，从而实现个人价值与社会价值的统一。高校教育管理者最终的目的是为学校发展服务，为社会培养优秀合格的人才。高校教育管理者只有具备了社会责任感，才能培养出社会需要的人才。

三、充分发挥辅导员在高校教育管理中的积极作用

在高校教育管理工作中，辅导员扮演着重要角色，不仅要管理学生，还要教育学生，对学生的学习和日常生活进行正确引导，帮助学生树立正确的世界观、人生观和价值观。新时期高校辅导员需要承担的责任很多，如落实学生德育教育、落实学校规章制度、组织学生参加各种教学活动、为学生提供专业辅导和择业辅导、疏导学生心理、帮助学生解决困难、在学生中发展党员等，可以说高校辅导员责任重大，其扮演的不单是"政治辅导员"角色。高校辅导员的工作任务特点是艰巨、复杂并且十分琐碎，这就要求高校辅导员具备较强的心理素质、道德素质以及专业素质。在高校管理工作中对辅导员角色进行准确定位，不断寻找提高辅导员管理工作效率的方法，可以促进高校辅导员管理工作的积极开展，实现对学生的合理有效管理。

(一)辅导员在高校中的地位及作用

高校辅导员在教育学生、管理学生、服务学生方面肩负着重要责任，也是高校对学生开展思想政治教育工作的骨干力量。他们负责组织学生接受思想政治教育，切实落实高校思想政治教育工作，指导管理学生的日常生活。

1.管理协调

高校辅导员要对学生进行无微不至的关怀，做到事无巨细，让学生感到温暖。比如，指导学生如何管理日常事务、如何管理班级规章制度、如何组织班级活动、如何动员和促进学风建设等，高校辅导员在班级管理工作中要付出足够多的汗水和心血。高校辅导员被高校师生公认为"学生工作

管理员",在工作过程中要协调校内各部门与学生之间的关系,做到对校内各个环节进行有效衔接,充分发挥高校的管理育人力量。

2.纽带桥梁

通过辅导员可以架起高校与学生之间沟通的桥梁,辅导员要负责收集掌握和处理学生的意见和要求,贯彻落实学校政策法规、规章制度,组织学生开展各种校园活动。由此可见,高校辅导员加强了学校与学生之间的思想沟通,能够为高校的育人工作创设和谐稳定氛围,促进高校管理工作高效稳定运行。

3.教育疏导

高校辅导员开展的教育工作涵盖学生的各个方面,不只停留在思想教育层面,进行的重点工作是帮助学生进行职业生涯规划,促使学生树立远大理想,形成正确的世界观、人生观和价值观,使学生在学习、生活和工作方面端正态度,为高校培养高素质人才提供保障。

4.成才导师

辅导员会影响到学生的方方面面,如思想观念、价值取向、处事态度、行为方式以及学习成绩等,优秀的辅导员可以对学生产生积极影响。辅导员是学生进入高校以后面对的第一位导师,负责学生四年的学习和日常生活,并且对学生的学习和生活予以引导,直至四年后毕业。大学阶段学生身体发育以及思想成长逐渐成熟,辅导员对学生能够产生潜移默化的深远影响。

(二)高校辅导员的工作策略

1.加强学习,做个"教育通"

辅导员的一项非常重要的工作是针对学生开展思想政治教育,在学生与学校之间架起沟通的桥梁,因此高校辅导员要努力成为"教育通",积极引导学生参加各种思想教育活动,提高学生的思想政治觉悟。

(1)学校要积极开设思想政治教育课程,或者是进行专题讲座,组织学生在课程或者讲座中积极讨论,充分发表自己的见解。之后,辅导员再予以补充,让学生在学习过程中树立正确的世界观、人生观和价值观。

(2)辅导员要引用一些经典话语对学生进行思想政治教育,做到用事实讲话。

(3)辅导员要提高自己的思想政治境界,教育学生的同时要以身作则,正确对学生进行思想政治教育。辅导员要不断提高自身的思想政治素质,努力树立在学生心目中的良好形象,为学生树立榜样。

(4)为了能够及时了解学生思想动态,辅导员要及时与学生进行交流,针对学生的实际情况采取不同的教学方法。

(5)考虑到学生通过网络渠道获取信息的特点,辅导员要充分运用网络对学生进行思想政治教育。

2.身体力行,做个"好榜样"

(1)与其他课程教师相比,辅导员与学生进行交流的时间更长,所以辅导员很容易在学生心目中树立良好的榜样。学生的素质直接受到辅导员素质水平的影响,因此辅导员要不断提高自身的综合素质,时刻注意自己的言行举止,做到以身作则,为学生树立良好的榜样。

(2)学生身边有很多同学可以作为榜样,辅导员要积极发现并且要善于利用,使学生能够感受到身边同学的榜样力量,激发学生的学习积极性。辅导员可以选取一些有代表性的学生作为榜样,发挥其带头作用。

(3)辅导员要积极组织学生开展学习榜样活动。比如,学习雷锋榜样活动、鼓励学生到社区做义工、到养老院慰问老人等,充分发挥学生助人为乐的精神。

3.全面发展,做个"多面手"

(1)辅导员是学生思想上的引路人。以提高学生的思想觉悟作为出发点,辅导员要不断加强自身的思想政治素质,并且积极组织学生开展党团思想教育活动,为学生树立起学习榜样。

(2)辅导员是学生学习上的引导者。辅导员在学生工作方面不仅要发挥管理者职能,也要发挥教育者职能。以教授学生有效学习方法为出发点,辅导员要积极学习并且掌握相关专业知识,并且通过课程教学和活动教学等方式向学生传授学习方法。

（3）辅导员要做学生的知心朋友，要关爱学生。大学阶段的学生还处于成长中，辅导员要给予学生更多的关心和爱护。辅导员要及时了解学生的学习和生活状况，及时帮助学生解决学习和生活过程中遇到的问题，让学生感受到自己带来的温暖，赢得学生的尊重和信任。

（4）辅导员要充当学生的心理疏导者。大学生还没有摆脱青春期带来的烦恼，面对就业压力和升学负担，学生心理上很容易出现问题。辅导员要积极学习并且掌握相关心理学知识，及时疏导学生心理，帮助学生形成良好的心理状态，促进学生健康成长。

（5）辅导员要对学生的就业进行指导。学生临近毕业时往往就业方向不明确，辅导员要引导学生设计职业生涯规划，使学生对自己准确定位，在明确自己就业目标的前提下，制定符合自身实际的职业生涯发展规划，促进自身职业目标的实现。辅导员还要积极引导学生进行社会实践，让学生在社会实践中学习知识，积累经验，帮助学生实现顺利就业。

总之，在现代社会环境下，辅导员所扮演的角色越来越多，面对思想活动日趋活跃的现代大学生，辅导员要不断学习相关专业知识，不断提高自身修养，提高自身综合素质。辅导员在管理学生过程中要及时了解学生各方面状况，对其予以正确引导，让学生少走弯路，进一步提高学生学习效率和综合竞争力，促进学生全面发展。

四、抓住高校教育管理的关键环节

教育管理工作是高校整体工作的重要方面。在具体的实践中，学校的教育管理工作者应注意把握其中的几个关键环节，主要包括入学教育、学生干部选拔、评优与纳新、关心爱护和严格要求、学生基本信息管理、就业信息提供、反馈效果与实践引导等环节。只有全面把握高校教育管理的关键环节，才有可能使学生的管理工作步入更加规范而又科学的轨道。

（一）入学教育环节

高等教育实行的是自我教育、自我管理和自我服务的管理模式，而大多数中学生的自我管理能力和自我约束能力较差。因此，高中毕业生如何实现向大学生的转变和过渡，入学教育是高校教育管理工作的第一个关键环节。在入学教育方面，要重点搞好军政训练，从队列、内务、学籍管理规定、日常行为规范、考试制度等方面进行教育和强化训练。同时，还要加强不同专业的专业思想教育。此外，还要让学生了解本省乃至全国各行各业尤其是本专业的发展现状和前景，使学生尽快树立一种"今天学知识，明天建祖国，现在准备好，将来去奉献"的职业道德观念，使"奉献自己、服务他人、努力打拼、不断创新"的信念成为他们的终生追求。笔者经实践总结认为，军政训练一般安排两周时间为宜，每个教学班配备两名军政教练员，在早晨、上午、下午分别安排军政训练内容，晚自习时间安排教唱革命歌曲、学习规章制度、个人才艺展示活动，最后经系部初赛，评出军政训练先进班集体，在新生军政训练和入学教育总结大会上，进行汇报表演。在入学教育的过程中，各系部的学生主管领导和辅导员应切实负起责任，加强指导和督察，确保新生入学教育环节搞得扎实并富有成效。

（二）学生干部选拔环节

学生干部的表率作用和榜样作用是无穷的。在选拔学生干部上，必须要坚持原则，把那些品学兼优、具备一定组织能力、在学生中威信较高的学生选拔上来，这是至关重要的。在选拔和配备学生干部时，辅导员应当在新生入学前首先审查相关教学班新生的档案信息资料，全面掌握学生的思想政治情况和家庭基本情况，把那些政治上可靠、学业上优秀的新生作为学生干部的备用人选。新生报到后，辅导员可以提名一些优秀的学生担任班委会、团支部临时干部，经过两个月的实践考察，履行民主推荐的程序，分别确定正式班委会和团支部的学生干部人选。

（三）评优与纳新环节

在教育管理方面，评选"优秀团员""三好学生""优秀学生干部""优秀毕业生"以及奖学金的评定、党组织纳新是建立良好的班风、学风和校风的重要激励机制。"优秀团员""三好学生""优秀学生干部"以及奖学金，每学年评定一次，"优秀毕业生"每届学生评定一次，党组织纳新一般每学年进行两次。每次评优、评奖和党组织的纳新工作，高校教育管理部门都会印发相关文件和要求，关键是各系部和辅导员要按照文件精神认真抓好落实，认真履行职责，把那些政治上可靠、学业上优秀的学生评选出来，把那些拥护党的领导、积极要求上进的学生早日吸收到党组织中，把评优和组织纳新的激励作用发挥到最大。

(四)关心爱护和严格要求环节

无论是辅导员还是专职的教育管理者,如果只注重关心爱护,容易使学生变得自由散漫,如果只注重严格要求,学生容易产生逆反心理,就会对教师敬而远之。关心爱护和严格要求,二者是相辅相成、缺一不可的。当学生遇到生活、学习上的困难时,辅导员和专职管理者及时给予关心和帮助是非常必要的。同时,当学生自由散漫、不能遵守校纪时,教育管理工作者应当注意及时对学生进行教育。在对学生进行管理时,关心爱护和严格要求二者不可偏废,二者缺一,管理就不能成功。有的学者提倡赏识教育,笔者认为,赏识教育就是进行正面教育,单纯的赏识教育是不全面的教育。在操作上,教育管理者应当和学生多交朋友,应当多注意观察,进行阶段性的平等交流和对话,用自己的真情打动和感召学生。

(五)学生基本信息管理环节

大学中的学生来自五湖四海,每个学生的生活习惯、性格、兴趣爱好等都不同。这就需要基层管理者,尤其是辅导员掌握每个学生的基本信息,建立每个学生的信息档案,包括姓名、性别、籍贯、民族、家庭成员基本概况、经济条件、联系方式、谈话记录等。经常与学生交流,使来自不同民族、不同地域、不同家庭背景的学生和谐相处,以形成良好的班风。

(六)就业信息提供

当前高校毕业生的就业形势严峻,应教育和引导学生全面客观地看待社会,了解就业形势和国家的就业政策,坦然地面对社会现实,根据自身和家庭的实际情况,正确选择自主创业、协议就业、灵活就业等不同形式的就业。在学生接近毕业时,辅导员最重要的任务就是给毕业生提供及时、准确的社会各个层面不同行业的用人需求信息,教育学生提高就业技能。要让学生知道,只有政治上可靠、业务上精良、技能上过硬,并且有良好的心理素质的人,善于与他人合作的人,善于创新的人,善于吃苦耐劳的人,讲诚信的人,才能在激烈的竞争中站稳脚跟。

(七)反馈效果与实践引导

高校教育管理工作效果反馈机制的建立是高校进行教育管理的关键

环节,是全面分析学生心理状态、学习动机、思想状况的重要理论依据。通过对教育管理工作效果的分析,把握学生内心的变化状态,建立相适应的反馈机制,充分了解高校学生的个性化需求,尽可能地为学生的健康成长创造便利条件。针对在思想与行为上需要纠正的学生,要做好教育疏导工作,引导学生深思努力学习的意义,树立爱国主义,形成与社会主流文化发展相契合的人生观、价值观与世界观。要高度重视高校教育管理工作与校园总体发展方向的融合,针对不同学生的生活状况与自身基础水平,创建出更加适合本校工作与学生个性化并存的教育管理机制,避免在相关制度实施的过程中出现生硬的现象,实现学校管理更加民主、透明、和谐,更加适应大多数学生的心理,弥补个体存在的差异。高校教育管理还应高度重视学生学习品格的培养,引导学生具备全局观,以社会需要为学习基础。

五、激励性制度引领高校教育管理工作的价值创新

(一)规范性制度和激励性制度

规范性制度和激励性制度在高校教育管理中都有其存在的合理性和价值。分析制度这两种主要功能的价值取向和限度,并不是要否定规范性制度在高校学生管理中的作用,而是为了使两种制度功能在各自的层面上发挥其有效性。大学生已具有很强的独立人格和尊严,有非常明确的是非观和价值判断,他们不完全受他人设计、操纵和灌输,而是基于自身理性进行价值认知和选择。规范性制度应是对学生的权利和义务进行准确的定位,保障学生完整的公民权和受教育的权利,明确大学生作为公民和学生应有的行为规则和责任。所以,规范性制度的内容是对大学生行为的基本的限定,对符合大学生基本行为规范提出要求和对不符合的行为给予强制性处理。

这类制度往往与大学生的义务性和责任性的内容联系在一起,只有这些义务性的内容和责任性的内容,才可以用规范性的制度加以保障和规范。某种程度上也可以认为,规范性制度具有普识性权利和义务的要求。不能让规范性制度的触角伸得太长,那样就陷入了教育管理制度设置的固有思维方式,把管理制度定位于"管住"学生,重点放在约束学生的行为上,以不让学生出事为目的。所以我们说,规范性制度的价值取向是向内的,

通过基本的行为规范和强制性的要求,形成良好的习惯,达到品德和素质符合社会公民的要求,或达到良好公民素质,引领社会文明。

除此之外,在教育管理制度中,我们应尽可能不采用规范性制度或强制性措施以达到管理的目的。更多的高校教育管理制度应以积极引导的价值取向,激发和激励每个学生的个体价值,充分肯定和体现学生的个体价值,增强学生积极向上的欲望和动力。激励性制度可以有效地启迪学生的价值世界,提高他们的价值判断能力、选择的意识与能力,敞开他们通向可能生活的价值路径,让他们面对开放的、无限沟通的社会生活空间,从容、自主地建构个人的价值世界,成为生活的主体。人才有基本要求,但没有一致的标准,基本要求可以通过规范性制度加以养成,而对人才自身的发展,要通过多样的激励措施和多层面的肯定加以激发。制度或规则应该只是创设一种"教育的情景",提供学生实践个体价值的活动场所或空间,以贴近生活实际的内容,提高学生价值认识、探究和体验的能力。

在高校教育管理工作中加强对激励性制度的重视,从激励性功能出发,进行适当的目标定位:一是实现对学生的不同认识,引导其不同个性的激发与彰显,推动其明确自身的价值取向;二是改变管理者的工作方式,逐步弱化强制性特征,突出以服务为主的角色意识,给学生创造一个既渗透制度规范,又充满生机与活力的实践提高平台;三是达成人才培养方式的转变,避免制度规范性的固化趋同,帮助学生在个性可以得到张扬的情境中通过自我学习、自我管理和自我服务,实现自我价值。

(二)激励性制度对于高校教育管理的意义

当代高校教育管理制度应以开放、踏实、平等、尊重的内容、方式、方法面对这个复杂多元的世界,而有效发挥制度的激励性功能对于实现高校教育管理工作创新则有着显著的积极意义。

(1)激励性制度与学生个人的生活紧贴,可以加强学生对个人生活世界的体悟。人是社会关系的总和,人总是与周围世界发生着意义关联,通过追寻自身与他人、社会与自我的牵连而获得意义。关注这个"我"生活于其中的世界,并作为一个真实的生命体在这个"生活的世界"中去积极地交往、感觉、发现、理解,增进个人对自我生活世界的自觉意识,逐步形成个人与生活的世界之间和谐、稳定、深刻的联系。

（2）激励性制度引导学生在价值冲突中审慎决断。生活中,我们常处于两难甚至多难的价值冲突困境之中。罗宾斯说:"没有冲突,就不会有新的挑战,思考和思想的发展就失去了刺激和动力。"道德主体"只有在同环境的相互作用中借着自己的选择才能实现自己的发展。社会提供了无限可供选择的道德情境,个体的道德习惯便是借助自己一定的思维和感情对这些具体的道德情境自由选择的结果"。在对多元价值的冲突和选择中促进个体道德理性的发展和个体道德主体性的全面提升。

（3）激励性制度可以反复强化与训练,形成行为习惯。我们反对简单灌输和对行为的控制、强制,强调在过程中发挥价值引导的作用,积极鼓励和肯定学生对自身、对他人、对社会有益的行为,并在制度中加以认可,不断对学生的有益行为加以增强和延伸,实现对个体差异的尊重,促进良好行为习惯的养成。

（4）激励性制度注重学生行为的自我反思与评价。苏格拉底说,"一种未经审视的生活还不如没有的好。""人的知识和道德都包含在这种循环的问答活动中。"激励性制度中肯定式的价值评价,必然会激发和引起学生自我行为的认识和思考,并通过对道德行为的不断反思和循环问答,证明价值并促进道德理性的发展。

第二节　环　境　层　面

一、营造健康积极的高校教育管理大环境

随着网络技术的发展,尤其是依托数字技术、互联网络技术、移动通信技术等新技术,以手机网络、微博客、即时通信软件等为代表的新媒体技术,对高校网络文化的建设和管理产生了较大的影响。同时,互联网的互动、手机与互联网的互动,以及互联网络、手机网络、电视网络三网融合等形成的新媒体环境也在对如何构建一个健康、文明的高校网络环境提出了新的挑战。因此,如何加强高校网络文化建设和管理,营造积极、健康的校园文化环境,运用网络新技术在新媒体环境下推动高校新闻网的创新发

展,用正确、积极、健康的思想文化占领网络阵地,发挥高校新闻网的优势是亟待解决的问题。

网络文化建设已经成为社会关注的热点,也成为思想政治教育工作者参与的一个重要的领域。随着网络信息技术的进步,网民的数量在剧增,网络文化业态呈现了多元化的趋势,它对我们的工作、学习、生活产生的影响也越来越大。高校网络管理中心是全校网络运行的最主要支撑平台和防范不法分子利用网络破坏学校稳定的堡垒,是展示学校整体风貌的"窗口",是学校重要的舆论宣传阵地。笔者认为,大力加强高校校园网络文化建设的探索与实践,是实现高校网络文化建设朝着健康、文明、和谐发展的有效途径。

(一)加强学校网络思想政治工作队伍建设

在信息爆炸的电子时代,网络思想政治教育日益显得重要而迫切。当务之急,高校需要建立一支高素质的网络思想政治工作队伍,这支队伍不仅要具有较高的思想政治教育理论水平和丰富的思想政治教育经验,还要掌握计算机网络的基本知识和技能,熟练地利用网络平台开展思想政治工作。网络思想政治教育工作的展开,要以了解和熟悉网络语言、网络文学、网络游戏等网络文化的各种形态为前提,把握大学生的思想动态,关注和参与到他们的网络生活中,及时进行心理辅导和思想引导,使思想政治工作渗透到学生的虚拟生活之中,使网络时代的思想政治工作取得更好的效果。这就要求加强高校网络思想教育工作能力建设。加强校园网络文化队伍建设,还需要合理配套各类专兼职人员,既要有网络专业技术人员,又要有网络管理人员,还要有网络文化研究人员。按照"提高素质、优化结构、相对稳定"的要求,建立统一指导、各方配合、责任明确、优势互补的网络工作队伍。凭借这支队伍,努力实践并着力打造"绿色网络校园"。通过各种途径密切关注网上动态,随时与学生进行平等的沟通与交流,及时回答和解决学生提出的有关学习、生活、就业等方面的问题,增强大学生的信息解读能力,引导大学生运用辩证的观点和科学的方法去分析问题,明辨是非,增强对网络文化的辨别能力和抵制不良信息的能力,促使他们健康上网。

（二）提高学生的文化素养、自我调节与管理能力

　　培养和提高大学生对有害信息的自觉抵制意识和能力，对于建设社会主义网络思想阵地具有基础性的意义。首先，要使青年学生学会做自己的心理医生。青年学生的情感丰富而又容易冲动，因此要学会保持健康的情绪，适时宣泄不良情绪，找到合理表达自己诉求的方法，防止过度迷恋网络游戏。其次，要使他们学会计划自己的生活，建立合理的生活秩序。现在的许多大学生尤其是大学新生，生活自理能力较差，有的甚至难以适应大学的集体生活；有些学生不能进行正常的人际交往，建立良好的人际关系，而人际关系不良也会导致网络游戏依赖和成瘾现象的产生。最后，培养学生的道德自律意识。学生阶段是一个人的人生观和世界观的形成与定型阶段，因此教育他们增强网络伦理道德观念，在网络社会里遵守起码的行为准则，自觉加强修养，树立正确的人生观和世界观，显得非常重要。在这方面，可以开展关于网络游戏道德方面的座谈会，让学生参与进来自由讨论，使他们充分认识到网络道德失范的社会危害性，提高大学生网络自我教育能力。

（三）营造积极健康的校园文化环境

　　学校应该有意识地组织力量开展网络信息安全方面的科学研究，利用技术的力量对侵入网络的有害信息进行处理，努力净化网络环境，将有害信息拒之校园网外。学校应该加强校园文化建设，丰富学生的业余文化生活。首先，要以学生为本，积极开展充满时尚和青春活力的文娱活动，想方设法吸引学生的兴趣和注意力。其次，及时对沉迷网络游戏的学生给予关心和帮助，为他们营造一个积极、健康的学习和生活氛围。最后，学校适度介入网络游戏，最大限度地控制暴力、色情等不健康信息的进入，为学生创造一个积极向上、健康有序的网络文化环境。

（四）加强网络监管力度，有效管理网络文化

　　当代大学生受世界经济浪潮的影响较深，对新鲜事物的探索和尝试较为积极。但是，由于大学生涉世未深、自我控制能力差，一不小心就会做出违反国家法律和社会道德的事情。高校可以发挥思想政治教育的优势，引

导大学生明是非，辨美丑，不制作、不传播、不散布有害信息，树立良好的网络道德品质，自觉抵制不良文化的侵蚀。

校园网络文化技术上的监管可以从三个点切入。

（1）校内网站监管。网站留言板和 BBS 均以互动方式进行交流，任何人都可以方便地发布信息，属于校园网络文化监控的重点。现在的留言板和 BBS 在技术上可以做到实时记录发布者的用户名、发布时间、上网计算机 IP 地址，以及上网计算机安装的操作系统和浏览器版本等资料。这样，既可以保证学生发布的信息有据可查，又可以对学生产生自我约束效果。

（2）校内上网场所监管。通常，高校校内可以上网的场所有公共计算机房、学生机房、网络实验室、电子阅览室、学生宿舍等地点。公共上网场所的上网计算机可以使用机房管理系统软件进行管理，学生凭学生证实名登记上网，有条件的高校也可以使用校园 IC 卡刷卡上网。机房管理系统软件具备了记录上网时间、上网计算机 IP 地址的功能。学生宿舍上网管理，简单的可以采取分配固定 IP 地址、用绑网卡 MAC 地址等手段，也可以安装一套宽带认证计费系统软件。上网者通过账号和密码登录上网并接受软件的管理。这样，通过技术上的管理措施，结合网站对信息发布者相关资料的记录，可以按图索骥，较方便地寻找到发布信息的人。

（3）校内网络信息监管。要想有效阻挡校外网络不良文化传入校园网内，可以采取在校园网网关处对网络信息进行过滤的方法。

（五）以学生为本，创新高校网络思想政治教育

树立科学发展观，加强大学生网络思想政治教育，就要尊重大学生的主体意识，以学生为本，通过教育目标、教育过程、教育手段、教育方法的设计，凸显大学生的主体地位，增强其网络主体的自主性和创造性，提高大学生对网络的驾驭能力，在知识积累、能力锻炼的同时，提升思想道德水平，促进大学生的全面健康发展。

（1）网络环境条件下的高校道德教育需要重新定位自己的目标。遵循理解、尊重和信任的原则，以疏导为主要方式，把发展学生的主体性作为最迫切的目标，指导他们学会选择，着力培养和形成学生正确的道德价值观、道德评判力以及道德自制力，以培养具有自主、理性、自律的道德判断和道

德实践的个体,使大学生成为网络道德的自觉倡导者和积极实践者。

(2)需要重新设计道德教育的内容。网络既是德育的手段,又是德育的内容。学校网络德育要在原有德育内容基础上突出价值观的教育和注重道德意志力的训练,使学生能够"辨别真伪、追求真理、慎于判断",增强识别评价和选择道德信息的能力,抵制不良信息的诱惑。

(3)建立思想政治工作专门网站,占领网络"红色"阵地。专门的思想政治工作网站,是思想政治教育科学化、技术化、时代化的迫切需要。建立网络德育信息数据库,通过网上"两课"答疑和辅导,坚持马克思主义在网络意识形态中的指导地位。

二、与校园文化建设有机结合

(一)校园文化与教育管理的基本内涵

1.校园文化的内涵

校园文化是指由全体师生员工在长期的教学实践过程中培育形成的共同遵守的道德标准、价值观念及行为规范。它以学生为主体,以校园为主要空间,以育人为导向,以精神文化、环境文化、行为文化、制度文化建设为主要内容。环境文化是校园文化的基础,主要包括"硬环境"和"软环境";精神文化是校园文化的灵魂,包括校风、学风、教风、作风等;行为文化具体体现在师生员工的言行举止中,主要包括各类人际关系、道德行为规范等;制度文化是校园文化建设和学校正常运转的保障,具体包括各类规章制度,如校规、班规、宿舍管理规定、社团规章制度等。此外,校园文化具有五个方面的功能,即导向功能、教育功能、凝聚功能、约束功能、陶冶功能。此五项功能作用于学生学习和生活的全过程,正确地引导学生健康发展。

2.教育管理的内涵

教育管理是指高校教育管理工作者通过各种手段,对学生在校期间的学习、生活和行为进行管理和规范,旨在维护高校正常的教育教学秩序和学生的生活秩序,保障学生身心健康,促进学生全面发展。根据 2017 年 9

月1日起实施的《普通高等学校教育管理规定》,高校教育管理包括学生的权利与义务、学籍管理、校园秩序与课外活动、奖励与处分、学生申诉等诸多方面。其中,学籍管理包括入学与注册、考核与成绩记载、转专业与转学、休学与复学、退学与毕业、结业和肄业;校园秩序包括学生行为规范、寝室管理、环境卫生维护及其他规章制度;课外活动包括各类社团活动、勤工助学及社会实践等;奖励主要指对在思想品德、学业成绩、科技创造、体育文娱及社会服务等方面表现突出的学生,给予的物质或精神上的奖励或表彰;处分是针对违反学习和生活纪律的学生实施的惩罚,包括警告、严重警告、记过、留校察看、开除学籍。此外,随着高校教育管理工作的不断创新,高等院校也越来越注重对学生的服务,绿色通道、就业服务、心理辅导等工作也成为高校学生管理工作的重要内容。

3.校园文化对教育管理的重要意义

校园文化与教育管理密切相关。第一,二者目标一致。校园文化与教育管理都以育人为目的,以为社会培养高素质的综合型人才为目标。第二,二者主体一致。校园文化以学生为主体,学生是校园文化建设的参与者与受益者。教育管理同样以学生为主体,学生是学生管理工作的中心。鉴于校园文化与教育管理在提高学生综合素质、培养复合型人才上的一致性,加强校园文化建设必定可以推动教育管理工作的完善和创新。学生思想和行为内容不断延展,新时期的教育管理离不开"学生本位"的教育思想。充分发挥学生的主观能动性,对于学校和学生的发展以及校园文化的建设大有裨益。因此,"一切为了学生,为了学生的一切""尊重人格,保护天性"等先进的教育理念必须被广大教育管理工作者所接受和运用。"以人为本"的育人环境和氛围离不开校园文化的建设。校园文化作为一种群体性文化,通过长期的沉淀与升华,形成了人们共同遵循的价值标准、行为规范和崇高追求。而校园文化所具备的导向、陶冶等功能,潜移默化学生的思想和行为。学生在特定的人文环境的熏陶下成长,形成健康的人生信念和价值追求。

(二)构筑良好的校园环境文化,为高校教育管理提供物质保障

教育管理是以服务学生为根本目的的,为学生构筑良好的、有序的校

园环境是管理学生的前提。高校校园环境文化首先是校园物质文化环境，它是指高校为师生员工学习、工作、生活、娱乐等活动提供的物质条件。高校的物质文化环境是高校校园文化的"硬件"，也是高校教育管理工作的基础环境或基础条件，如果没有良好的校园物质文化环境，高校校园文化无法健康地发展，高校教育管理工作也会缺乏相应的物质保障。比如，学校的环境幽雅，景色迷人，我们就可以用其自然美的景观来陶冶学生的性情，塑造学生美的心灵。校园的合理布局、花草树木、名人塑像、橱窗、宣传栏等，可让学生耳濡目染并感受浓郁的校园文化氛围。所有这些景观背后，都示意了包括建筑文化、历史文化、艺术文化、现代科技文化等"亚文化"的独特的内涵所在。而这种"亚文化"和校园总体建筑本身所构成的校园景观，使校园能时时处处洋溢着浓厚的文化气息。学生通过干净、整洁、优美的环境的陶冶和塑造，既约束了自己的行为，又提高了自身的人文素养，达到促进高校教育管理工作开展的目的。其次是知识学术环境，主要指学术科研、教学管理、学风建设等方面的情况和条件。它是衡量一个高校校园文化建设的好坏、管理水平高低的重要因素，甚至直接影响育人的质量。最后是人际关系环境，主要是指校园内部的人际关系，如学生之间、师生之间、领导之间、教师之间等多方面的关系。和谐、融洽的人际关系环境能使大家保持良好的心理状态，利于教学，利于管理，利于学生的健康成长。

(三)营造健康积极的精神文化氛围，为高校教育管理提供精神动力

高校校园精神文化环境建设首先应在所有的教学和校园文化活动中坚持正确的政治方向，弘扬民族优秀文化传统，加强对学生进行科学的世界观、人生观、价值观和道德观教育，引导浓厚的舆论氛围，弘扬正气、树立新风、强化理想信念、崇尚奉献精神。这对学生的世界观、道德观、价值观有着树立、锻炼、修正和提高的作用，可以增强学生的民族自信心、自尊心和使命感，激发学生的爱国主义精神，培养学生健全的人格和高尚的道德情操，增强学生抵制错误思潮的能力。其次，要根据高校总体培养目标和学生实际，开展丰富多彩的第二课堂活动，用健康高雅的文化和艺术，引导学生合理支配闲暇时间，并且注意将教育管理工作融汇到生动活泼的各种活动之中，寓教于乐，使学生在活动中展现自己、锻炼自己、发挥自己、实现自我的价值,这对培养学生健全的人格、创新的能力,有着不可替代的作用。由此可见,良好的"精神文化"氛围,是实现高校学生工作科学管理的前提。

(四)创建科学的制度文化,促进高校教育管理和谐有序

高校校园文化,是社会整体文化的一部分,必须加以科学引导和规范,因而要创建科学的制度文化。制度文化是校园规范化建设和制度化建设的集中体现,这要求高校教育管理必须在各种制度、规章的约束下进行,规章制度对教师教学行为的约束、对学生行为规范的养成、对校园健康向上氛围的形成有着很大的促进作用,这也将促进高校教育管理和谐有序地开展。高校的制度文化,主要包括道德行为规范、公共生活准则、校规校训、业余及课余活动规则等方面。要根据本校情况制定和完善学校各项规章制度,在校党委的宏观领导下,调动学校所有职能部门的积极性,上下协力,齐抓共管,使校园生活规范化、制度化。

(五)校园文化建设促进教育管理工作的基本途径

1.加强校园环境文化建设,提升服务学生能力

校园环境文化可称为校园物质文化,与精神文化相对。它是校园文化中的基础系统,是校园文化建设的前提,是精神文化的有效载体和实现途径,也是校园文化的直观体现。

(1)重视校园"硬环境"的建设。所谓"硬环境"又称物质环境,主要包括校园建筑、校园景观、教学设施、体育文娱设施及周边环境等,这些能看得到、摸得着的实体无不反映学校的教育理念和精神风貌,物质环境是开展育人活动不可或缺的基础和物质保障。因此,这就要求学校加大对"硬环境"的投入力度,尽可能地完善校园基础设施,为师生开展丰富多彩的教学活动、文娱活动提供重要的载体,使师生学有其所、乐有其所。在打造校园"硬环境"的过程中,各类建筑和设施应达到美感教育的标准和功能丰富化的要求,如校园建筑,包括教学楼、图书馆、宿舍楼、体育馆等,作为学生学习和生活的重要场所,应具备实用与艺术的双重功能,愉悦学生的身心,使学生在不知不觉中受到影响和启迪。同样,校园景观建设也应达到使用

与观赏功能的统一。校园的园、林、水、路、石等人文景观有助于陶冶学生情操,塑造学生美好心灵,激发学生进取精神,促进学生身心健康发展。学生在优美的校园环境中成长,有助于激发其爱校热情,有利于教育管理工作的实施。

(2)重视校园"软环境"建设。"软环境"是相对"硬环境"的一个概念,也是一种精神环境,主要包括校园内的人际氛围、舆论氛围等。人际氛围主要指校园内的各类人际关系,包括教师与学生、学生与学生、教师与教师、领导与教师之间多层次的人际关系。每个人都不是孤立存在的个体,高校学生所有的学习和娱乐活动都是在与人交往的过程中实现的,高校是个小社会,社会交往是学生社会化的根本途径。学生通过社交建立起相对稳定的人际关系,人际关系网对学生的一言一行和身心发展影响重大。和谐的人际关系有利于维护校园秩序,使学生形成正确的是非观念。因此,教师在学生人际关系形成的过程中应发挥主导作用,避免学生发生孤僻、嫉妒、自卑等社会交往问题,正确引导学生坚持平等、相容、理解、信用等交往原则,远离习惯不良、思想扭曲的人,选择道德高尚、心地善良、积极进取的人交往。此外,教师作为学生间的裁判员,应坚持公开、公平、公正的原则化解学生间的矛盾,解除学生间的误会,做到不偏私、不歧视、不主观。

2.加强校园精神文化建设,营造和谐育人氛围

(1)重视传统教育。习近平总书记在2017年党的十九大报告中指出,要"深入挖掘中华优秀传统文化蕴含的思想观念、人文精神、道德规范,结合时代要求继承创新,让中华文化展现出永久魅力和时代风采"。可见,传统文化对于公民形成正确的价值理念、行为规范、理想信念尤为重要。党的十八届三中全会在全面深化教育领域综合改革的决议中提出:"全面贯彻党的教育方针,坚持立德树人,加强社会主义核心价值体系教育,完善中华优秀传统文化教育,形成爱学习、爱劳动、爱祖国活动的有效形式和长效机制,增强学生社会责任感、创新精神、实践能力。"中华优秀传统文化是中华民族的根基和血脉,也是大学生身心成长的指路明灯。高校教育工作者要坚持"取其精华、弃其糟粕""传承与创新相结合"等原则,通过各类教学和文化活动,如实践教学、演讲比赛、征文大赛、文艺会演等活动形式,传播

优秀的传统文化,其中包括天人合一的和谐精神、自强不息的进取精神等。同时,深刻挖掘学校的文化底蕴和历史传统,讲清楚学校的历史和文化,使学生感受到学校的魅力所在,从而激发学生的自尊心、自信心以及爱国、爱校情怀。教育管理工作者只有本着与时俱进的原则,融入先进的教育理念,方能不断深化校园精神文化。在优秀传统文化熏陶下的学生,更易于塑造健全的人格、培养高尚的品格,这与学生管理工作的目标相一致。

(2)加强校风建设。校风即学校的风气,是一所学校鲜明的个性特征,它体现在全体师生的精神风貌上。校风是一个多层次、多要素的动态系统结构,涵盖教风、学风、作风、班风、舍风等各类校园风气。良好的校风有利于学生思想品德、道德情操、行为习惯的形成。因此,校风建设是育人的关键环节。教师是人类心灵的工程师,加强师德建设、提高教师的业务素质有利于形成良好的教风。良好的教风对学生汲取知识、培养能力意义重大。班级是学生获取知识和提高素养的主要场所。和谐、向上的班集体对学生的学习兴趣、道德品质、行为习惯和良好学风的形成有着促进作用。为了加强班风建设,首先要对班级日常管理进行严格要求,用制度来约束学生言行;其次要营造浓厚的学习氛围,通过互帮互助、嘉奖优秀等方式激发学生的学习动力,培养学生良好的学习习惯,使每个学生都能成为群体的典范。此外,宿舍是学生生活起居的唯一场所。良好的舍风有利于学生养成好的生活习惯,如早起早睡、勤奋上进、锻炼身体、读书看报等。好的生活习惯对学生进入社会、成家立业有着长远、深刻的影响。为加强舍风建设,需要严格宿舍制度,对于不遵守宿舍制度的学生加以管教和约束。还要发挥学生干部和学生党员的榜样作用,带动普通学生养成健康的生活习惯。

3.加强校园制度文化建设,建立完善规章体系

(1)完善规章制度体系。校园规章制度是全体师生共同遵守的行为准则。对于学生来说,规章制度犹如一面镜子,时刻提醒学生正其冠、端其行,避免违反纪律、误入歧途;对于学校来说,规章制度是学校文明的标志,学校力求在育人实践中加强"制度化、科学化、规范化"的管理,努力使各项工作有章可循。严格的规章制度能保证教学工作的顺利推进,是学生成才

的重要保证。因此,建立和完善科学的规章制度体系尤为重要。随着高校教育改革的不断推进,高校的制度建设也应朝人性化、科学化的方向发展,尊重学生的人格,倾听学生的诉求,使师生关系更加和谐,教育管理工作更容易开展。同时,规章制度的制定应具备科学性、合理性、可操作性等特点。缺陷重重的规章制度不能起到约束、教育的作用,会影响校园文化的整体建设。规章制度自身的完善是规章进入执行程序的前提,是教育管理工作顺利推进的保障。

(2)提高规章制度执行力。教育管理工作以学校各项规章制度为依据,规章制度的执行力影响着教育管理工作的成败。科学的规章制度是学校各项工作开展的保障,但若有令不行,有章不循,有错不罚,则再好的规章制度也是纸上谈兵。因此,提高规章制度的执行力是保障各项制度落到实处的根本途径。教育管理工作者在执行规章制度的过程中应做到事前防范、事中控制、事后监督。事前防范,可以防止违纪行为的发生,并降低管理成本,减少管理压力;事中控制,可以保证制度的严肃性,使制度在公平、公正的原则下运行,防止事态偏离正常轨道;事后监督,对制度执行者和制度执行情况进行考核,可以不断完善制度体系,使制度更加科学、合理。除此之外,应不断加强学生的思想政治教育工作,使学生认识到遵纪守法的重要性和违法乱纪应付出的沉重代价,积极号召学生自觉遵守规章制度,做到自尊、自爱,使每一个学生都能成为遵纪守法、道德高尚、素质优良的时代典范。

第三节 体制建设层面

一、推进高校教育管理工作法治化建设

高校教育管理工作法治化建设的主要目的在于营造一个良好的法制氛围,将法治理念植入学生的思想,在促进学生全面健康发展的同时,为社会经济建设做出力所能及的贡献。结合高校教育管理工作开展的现状,从以下几个方面采取措施,推动法治化建设。

(一)开展专题教育讲座,传播法治理念

高校教育管理工作的法治化建设,首先应对学生的法治理念进行培

养。在众多法治化教育手段中,专题教育讲座是较为有效的一种。可以邀请一些较为著名的讲师就大学生感兴趣的某一内容进行教育和引导。在开展专题法制教育讲座的过程中,一定要注意以下问题:一是专题与大学生的兴趣倾向应保持一致,二是一定要与学生进行互动。

(二)提升高校教育管理工作队伍素质

在高校教育管理工作中,一个高水平、高素质的管理队伍能够有效地提升教育管理工作的效率。高校可以在思想教育工作者中挑选一些理论知识相对扎实,而且具有一定工作热情的人员,对其进行法学理论的相关培训,并鼓励其考取相关的证书和更高层次的执业资格,将这些掌握法律知识的思想工作者作为教育管理工作的中坚力量。也可以在校外聘请一些专职的法律相关工作者,组建一个大学生法律救助组织,或与一些司法单位建立长期稳定的合作关系。

(三)建立正规的管理程序

实现法治化的重点,在于管理的具体程序。如果实现了管理程序的法制化,就等于实现了管理行为的法制化。在校学生如果违反了学校的相关规定,在对学生进行处分前,需要第一时间通知学生,以此来保证学生的知情权,使学生的合法权益不会受到侵犯。学校还要设立听证制度,对学生的知情权进行进一步的保护。学校应建立相应的申诉体系,让学生拥有为自己辩护的权利,并设立有效的司法救济体制,对学生的合法权益实施最大化的保护。

(四)充分利用"校地联动共学共育"环境,营造法治化氛围

加强和推进大学生法制教育,仅仅局限在校园内是不可行的。只有让学生与社会实际进行接触,学生所掌握的法律知识及形成的法律理念才能派上用场。结合"校地联动共学共育"实践活动的背景来看,校园作为根本的基地,承载着这一实践活动的资源需求,同时也为大学生法制教育工作的开展提供了实践的平台和渠道。因此,就大学生法制教育工作的推进来说,还应充分利用"校地联动共学共育"这一实践活动背景,走入社会,让大学生的法律意识立体化。

总而言之,就高校教育管理工作的法治化建设来说,教师应做好模范带头的作用,为学生法治化理念的形成奠定基础和条件。同时,教师还应与学生进行良好的沟通,随时解答学生的法制疑惑,为学生在法制环境下健康成长做出努力。

二、健全高校教育管理机制

应顺应新时期大学生的特点,创新管理模式,建立健全管理机制,在加强教育管理队伍建设和相关的规章制度建设等方面,有针对性地提出对策和建议。

(一)建成科学的教育管理机制,强化管理队伍建设

解放思想,更新观念,建立"以学生为本"的科学管理机制。人是教育的基础,也是教育的根本。一切教育必须以人为本,这是现代教育的基本价值。所以,笔者认为高校应树立以学生为本的教育管理理念。要实现以学生为本的教育管理理念,就要尊重学生,尊重他们的人格,尊重他们的个性,尊重他们的基本权利和责任。管理是引导,不是去左右;管理是影响,不是去支配;管理是感染,不是去教训;管理是解放,不是去控制。以学生为本,是对学生人性的唤醒和尊重。真正的管理是以学生为本的管理,让学生体验学校生活的美好,体验学习成功的快乐,体验同学间友谊的纯洁,通过各种教育活动培养他们积极的人生态度、鲜明的价值判断、丰富的思想体系。教育管理要高度关注学生的自由、幸福、尊严和终极价值,用全面发展的视野培养全面发展的人。教育管理要体现人文关怀和道德情感。无论现代管理手段多么先进,都不能否定面对面的教育工作;无论现代传媒多么发达,都不能代替人与人之间的感情交流融合;无论各项制度多么完善,都不能忽视人文关怀和道德情感。现代管理要用真理的力量、人格的力量、道德的力量、情感的力量,将外在规范要求内化为思想品格。教育管理工作要认同学生在学校的主体地位,了解他们,尊重他们,为他们服务。准确把握学生的思想脉搏,不仅要掌握学生的群体特点,还要关注学生的个性特征。不仅要把他们看作教育管理关系中的权利主体,还要把他们看作能动的、有创造力的行为主体,真诚关爱青年学生健康成长,坚持解决思想问题和解决实际问题相结合,从青年发展需求出发,把职业发展、心

理健康、帮困育人作为人生指导的重要内容,把教育着力点从消极防范和控制转向积极引导和真诚服务上来。改变传统教育管理者高高在上的姿态,从以教师为中心的模式转变为以学生为中心,充分肯定学生的优点,给予学生相对自由的空间,发挥其自主性和创造性。

根据现阶段学生的特点,应该提倡学生的自我管理、自我教育,教育管理者应担当指导者的角色,引导学习和工作的方向,并且在过程中给予提示。加强教育管理队伍建设,高素质的教育管理人员是教育管理工作的重要保证,也是教育管理工作顺利有序进行的关键。在加强教育管理工作方面,要严格要求教育管理人员按照规章制度执行工作职责,建立完善的工作监督体系;还要在工作、生活上关心他们,充分调动其工作积极性;同时要大力加强教育管理人员的培训和学习,经常安排他们参加各种业务培训活动,提高业务水平。

(二)规范管理,完善规章制度

规范规章制度,制定程序是关键。目前,高校的规章制度一般都是由有关职能部门负责起草,法制工作部门负责审查,经校长(院长)办公会议审议通过后,由学校公布施行。因此,规范规章制度的制定程序涉及起草、审查、审议与决定以及公布等诸多环节。

(1)起草工作最具基础性,对于保证规章制度草案的质量有着决定性的作用。在起草工作开始前,起草部门应当对拟起草的规章制度进行必要性和可行性论证,学校也应按期编制计划。只有经过深入调研,论证充分,各方面条件都比较成熟的规章制度项目,经批准并列入计划后,才能开始起草工作。立项程序的设置,对于事先发现问题并解决问题具有重要意义。

(2)在审议和决定阶段,必须明确规章制度草案须经校长(院长)办公会议按照规定的程序进行审议。经审议通过的规章制度,必须在全校范围内公布。同时,还应当允许教职员工和学生查阅、复制或者摘抄已经公布施行的规章制度,并且建立相应的权利保障机制。

对规章制度的解释和适用进行规范,是规章制度实施的保障。严格地讲,规章制度的解释应当遵循"谁制定,谁解释"的原则,即由制定主体——

高校负责解释。有关职能部门虽然负责了起草工作,但却不是该规章制度的制定主体,不享有解释权。以往,高校的规章制度大都规定由起草部门负责解释,这是不规范的。因此,规章制度,特别是需要对新情况明确适用依据和做补充规定时,应当由学校负责解释。当然,在行政工作中具体应用规章制度的问题,一般仍由有关职能部门研究处理。

规章制度建设工作是一项系统工程。新时期,我们的首要任务是在立项、起草、审查、决定与公布、适用与解释等各个环节都及时地建立起相应的制度性规范。其中,重点应集中在建立重大事务和涉及教职工切身利益事项的议事、决策与监督程序,以及逐步建立健全学生纪律处分程序和学生申诉机制,以创造体现法治精神的育人环境。

从学校的实际、学生的实际出发,把教育管理的内容和要求体现在管理的各项制度中,使学生在日常的学习和生活中受到潜移默化的教育。同时,根据不断变化的新形势,及时调整和完善相应的管理制度,做到与时俱进。在具体的管理工作中,认真执行规章制度,告诉学生可以做什么,不能做什么,让学生懂得怎样为人处世,在校园内营造良好的学习、实践、创新的氛围;将解决学生的实际问题放在首位,在管理工作中,学生不论在学习还是生活中出现的问题能够积极有效地解决,通过问题的解决使学生对教育管理工作产生信任感,愿意积极配合教育管理工作,同时还能够促进教育管理工作的开展和进步。跟随时代变化,及时更新换代各种规章制度,规范管理,使高校的管理更加贴切和符合新一代大学生的要求。

三、提升高校教育管理信息化水平

(一)高校教育管理信息化建设的必要性

高校教育管理信息化建设是高校教育管理进步的内在要求,信息化平台建设也为高校教育管理工作提供了具体的服务内容。目前高校教育管理系统的开发多是针对高校的整体管理,高校教育管理系统涵盖了学校的科研管理、财务管理、网站管理、图书馆管理等内容,其中对于教育管理的重视程度不足。除了教学管理工作外,教育管理工作也是高校管理的重要工作。

1.提高高校管理工作的效率和管理水平

高校作为国家教育的重要主体,关系到国家教育水平的发展和社会进步。高校的教育目标是为国家输送大量高素质人才,为国家建设提供人才输出。高校学生的教育工作,不但是专业知识和技能的培训,还包括大学生心理健康和综合素质的提升。高校辅导员是学生日常事务和学习生活的辅导者和管理者,对于学生的发展和成长起着关键的作用。越来越多的日常事务和学习管理工作,都能够通过信息技术和网络技术实现,信息化建设已然成为教育管理工作的一个有效途径。

高校教育管理工作的开展,是学校其他工作开展的基础和核心,也是其他学生工作有序开展的前提。利用网络技术等信息技术,实现高校教育管理的信息化建设,是提高教育管理工作效率和水平的一个有效手段。利用信息化技术的综合处理特性,对学生的各类信息进行高效的处理,处理的结果也可以通过网络平台更快更直观地表达出来,信息的处理结果可以在互联网上供师生及时查看,学生信息得到了更加高效而准确的处理,降低了教育管理工作中很多繁复工作的难度,管理者也有更多时间致力于其他方面的管理。工作效率的提高,让教育管理工作安排更加合理,避免教育管理工作重心偏移,更好地协调教育管理的各项工作。

2.优化高校教育管理流程

高校教育管理工作环节复杂,涉及大量的事务性工作,如学生信息更新、学生奖学金、学生评优、学生选课等,这些工作往往先由院系等学生工作处进行处理,然后再汇总到学校学生处。这样的工作流程环节多,管理层级也比较复杂,由上而下的管理模式更容易出现疏漏,效率也比较低。信息化管理平台很好地优化了这种复杂的管理模式,简化了整个教育管理工作流程。除此之外,在网络模式下,教育管理工作还摆脱了一定的空间束缚,教育管理工作可以在网络中完成而不需要到相关部门进行实际操作,让教育管理工作更加灵活。针对我国高校教育管理人员数量众多、管理结构复杂的现状,信息化建设能够更好地协调学校各部门之间的工作,对优化学校管理流程有较强的现实意义。

(二)高校教育管理信息化建设策略

1.提高管理人员水平,加强信息化管理队伍建设

为了更好地推动高校教育管理信息化建设,要从管理者入手。管理队伍是学校管理决策的制定者,是管理制度的执行者,是管理工作的协调者。管理的过程实质上就是信息传递和信息变化的过程,管理队伍负责对管理信息进行传递和处理,在管理系统中占决定性地位。在高校教育管理信息化建设过程中,管理者同样对管理信息进行处理,而且在新的管理体系中,管理者从传统的经验管理转变为学习管理,由原来的层级管理模式转变为扁平的柔性的管理模式。只有在管理人员具备相应素质的前提下,教育管理信息化建设才能有序地进行,人工管理和系统管理相结合,才能发挥信息化管理的优势,消除重复管理功能,更好地提升管理水平。

2.明确建设目标,整合管理资源,加快信息化建设步伐

高校教育管理信息化建设要有明确的发展目标和发展规划,信息化技术的不断发展决定了教育管理同样需要宏观规划。信息化建设在既定的目标下,按照不同机构和不同阶段,不断统一并完善系统,避免管理系统中因为信息交流困难而无法实现管理职能。统一的教育管理信息化建设要以促进管理部门协同工作为目标,指导不同管理部门高效工作,对管理机构进行统一的部署和安排。另外,推动高校教育管理信息化建设,还要有效整合现存管理信息,在构建信息化管理体系时能够准确地与学校现状契合,相当于在传统的管理模式下进行升级,并不会出现资源的浪费或者多余的功能,让信息化管理能够与传统管理无缝转接,减少新旧交替的矛盾,从而加快信息化建设步伐。

3.不断完善管理信息系统,具体化管理功能

推动高校教育管理实现信息化建设,要在硬件具备的条件下不断完善管理信息,利用好管理信息系统来开发功能模块,除了运用先进的管理体制外,还要借助管理平台落实各种管理功能,让信息化管理渗透每个管理环节,提高教育管理的整体效率。完善教育管理的信息系统,及时更新管理信息,使教育管理工作涉及的数据更加准确全面,同时也为学校决策提供充分的现实依据,教育管理工作与学生的实际情况结合得更加紧密,管理工作也更加符合学生和学校的关系。

(三)高校教育管理信息化建设的内容

推动高校教育管理信息化建设,关键就在于对教育管理工作的相关信息进行采集和处理,将这些信息按照一定的信息处理规范,建立学生信息管理数据中心,采用一系列计算机技术开发教育管理工作的业务系统,实现对学生信息的管理,并在网络平台上实现多部门的学生信息管理服务,为学生提供一体化的信息服务。学生通过信息化管理模式能够更快更准确地获得信息,学校也能通过信息化管理平台更加高效地处理学生信息,提高高校整体的管理水平。

1.制定严格的信息标准

高校教育管理信息化建设涉及大量的学生信息,因此高校教育管理信息化标准要具备一定的适用范围,能够涵盖教育管理相关的信息。在此基础上,其他的管理业务才能够利用这些信息完成具体的功能。

2.建立统一的管理数据共享处理平台

高校教育管理系统需要在校园内部建立一个信息共享平台,教育管理的相关信息在网络中传输交换,利用网络高速的特点提高信息传输和处理的速度。这就需要一个综合性的信息交互平台,将学校的各个职能部门和院系联系起来,能够收集并处理需要管理的学生信息,在学校中建立一个自封闭的管理信息平台。管理信息共享平台,要能够协调应用中不同的数据结构,如 Oracle、SQL、MySQL 等共享和集成的问题,从而更好地解决学校管理信息的孤岛问题,让各种管理信息都能够在管理系统中有序高效地流通起来,这也是管理工作效率提高的关键。管理信息共享平台对于数据的转换,提供非编程数据转换功能,让管理信息在所有的管理部门都能够进行处理,并对这些处理进行记录和监控,在全网建成一个健康的安全的信息共享平台。

3.主题数据库与功能数据库

主题数据库是集约化的数据库,具备很强的共享功能,整个数据库系统中的数据都是集约化、共享化的。这样有利于管理系统信息交流和处理,避免了过多的信息转换和交流障碍。主题数据库是由底层数据库、数据交换平台和业务数据库构成的。底层数据库是符合统一数据标准的主数据库,作为所有管理信息的总集合。数据交换平台将来自不同业务数据库的数据统一交换,不管是数据从主数据库传到功能数据库,还是功能数据库回传数据到主数据库,都需要经过数据交换平台,为整个系统内容的信息交流提供一个通道。业务数据库也可以称作功能数据库,具有不同的功能,如教务数据库、招生信息数据库、财务数据库和毕业生数据库等,这些数据库中的内容属于不同的管理职能,通过数据交换平台就可以将这些功能联系起来,协同完成特定信息的管理。

4.基于数据库的业务系统

有了完备的数据库系统和数据交换平台,要实现具体的业务功能,就要在数据库系统的基础上,按照数据标准开发相关的管理业务功能。将学生信息从招生阶段、入学阶段、在校阶段、毕业阶段等联系成"一站式"管理服务模式,用电子档案的形式详细记录学生的各项信息,不同阶段交由不同业务功能进行处理。

高校教育管理信息化建设是未来高校发展的重要工作,提高管理水平和管理效率,让高校的教育管理工作更加先进。信息技术和网络技术为高校学生管理提供了良好的平台和工具,大大提高了工作准确度,降低了重要工作的复杂程度,也很好地优化了管理体系结构。在提高管理效率的同时,学校可以更多地关注学生的学习情况和生活情况,更好地帮助学生成长为社会需要的建设性人才。为了保证高校教育工作取得良好的发展,推动高校教育管理实现信息化建设具有十分重要的作用。

参 考 文 献

[1]　李朝昕. 基于新公共管理理论的高校管理模式发展研究[M]. 沈阳：辽海出版社，2019.

[2]　解方文. 高校教育创新及其管理体系的建设[M]. 北京：经济管理出版社，2020.

[3]　孙科技. 教育政策执行碎片化的整体性治理[M]. 上海：上海人民出版社，2020.

[4]　杨宗岳. 行政管理必备制度与表格典范[M]. 北京：企业管理出版社，2020.

[5]　荣仕星. 高校行政管理实例分析[M]. 北京：中央民族大学出版社，2019.

[6]　唐小兵. 高校干部教育培训项目管理研究[M]. 武汉：武汉大学出版社，2018.

[7]　赵雪梅. 美国高校行政管理探究[M]. 武汉：武汉大学出版社，2019.

[8]　邹菲菲. 高校行政管理执行力研究[M]. 长春：吉林科学技术出版社，2019.

[9]　储著斌. 现代高校治理的地方高校实践研究[M]. 成都：西南交通大学出版社，2018.

[10]　季福林. 行政办公实操大全集[M]. 北京：中国铁道出版社，2018.

[11]　赵艳霞. 公共政策分析[M]. 哈尔滨：哈尔滨工程大学出版社，2017.

[12]　马海军. 高校廉政建设研究[M]. 北京：知识产权出版社，2016.

[13]　姜继为，韩强. 高校治理结构研究[M]. 成都：四川教育出版社，2009.

[14]　周文彰. 行政文化研究[M]. 北京：国家行政学院出版社，2014.

[15]　沙志平. 现代高校管理[M]. 天津：天津科学技术出版社，2006.

[16]　郭大成. 高校领导体制的研究与探索[M]. 北京：北京理工大学出版社，2014.

[17] 张天兴. 高校现代化治理与运行机制研究[M]. 石家庄:河北人民
      出版社,2016.
[18] 李继. 高校行政管理理论与实务研究[M]. 长春:吉林大学出版
      社,2018.
[19] 班秀萍,叶云龙. 全面质量管理与高校人才培养[M]. 长春:东北师
      范大学出版社,2017.
[20] 林杰. 高校行政工作者管理角色与考核评价研究[M]. 北京:兵器
      工业出版社,2014.
[21] 朱德友. 高校人事管理研究论文集[M]. 武汉:武汉大学出版
      社,2017.